U0498225

小微企业抵押贷实操一本通

姜何 ◎ 主编　韩岳初 ◎ 副主编

西南财经大学出版社
中国·成都

图书在版编目(CIP)数据

小微企业抵押贷实操一本通/姜何主编;韩岳初副主编.—成都:西南财经大学出版社,2021.12
ISBN 978-7-5504-5184-1

Ⅰ.①小… Ⅱ.①姜…②韩… Ⅲ.①中小企业—抵押贷款—中国
Ⅳ.①F832.4

中国版本图书馆 CIP 数据核字(2021)第 240741 号

小微企业抵押贷实操一本通
XIAOWEI QIYE DIYADAI SHICAO YIBENTONG
姜 何 主 编
韩岳初 副主编

策划编辑:周晓琬
责任编辑:周晓琬
责任校对:肖翀
封面设计:冯单单
责任印制:朱曼丽

出版发行	西南财经大学出版社(四川省成都市光华村街 55 号)
网　　址	http://cbs.swufe.edu.cn
电子邮件	bookcj@swufe.edu.cn
邮政编码	610074
电　　话	028-87353785
照　　排	四川胜翔数码印务设计有限公司
印　　刷	四川新财印务有限公司
成品尺寸	165mm×235mm
印　　张	15.5
字　　数	185 千字
版　　次	2021 年 12 月第 1 版
印　　次	2021 年 12 月第 1 次印刷
书　　号	ISBN 978-7-5504-5184-1
定　　价	78.00 元

#《小微企业抵押贷实操一本通》编委会

主　编　姜　何

副主编　韩岳初

成　员　王浩亮

王鹏翔

邓小芳

岳琛灏

赵天祺

杨瑞辰

序

科学技术是第一生产力。金融科技是由技术驱动的对传统金融业的一种创新。近几年，金融科技的应用热度在业务实操过程中持续升温，科技的发展给整个金融业带来了不小的改变。信息技术和传统金融业务不断碰撞、深度交融，持续拓宽古老而传统的金融行业上升空间，不断改造金融服务的运作方式。金融的底层功能是资金的融通，金融解决的本质问题是资金短缺方与盈余方之间的流通效率，金融科技的价值在于针对金融本质问题持续输出数字化解决方案，辅助提升工作效率。

国际组织金融稳定理事会将金融科技定义为技术带来的金融创新，它能创造新的业务模式、应用、流程或产品，从而对金融市场、金融机构或者金融服务的提供方式产生重大影响。国际证监会组织认为金融科技是有潜力促进金融服务行业的各种创新的商业模式和新兴技术。英国金融行为监管局发布文件，指出金融科技是创新公司利用新技术对现有的金融服务公司进行去中介化。新加坡金融管理局指出，金融科技是通过科技设计新的金融服务和产品。

定义的目的就是对社会现象进行归纳总结，让人们更容易在短时间内明白专有名词的意义。对于我们来说，给金融科技下定义的过程就是对数十年的从业经验进行总结。我们认为金融科技的核心目的是信息技术在金融领域的广泛应用，旨在创造新的金融产品、重塑金融服务模式、优化客户的体验，同时遵循金融行业的本质，以数据为基础，以信息技术为桥梁，为整个金融行业降本提效。

2011—2014 年这四年里，中国互联网用户保持同比 10%以上的增长，在那个时期，所有的行业都在摸索线下业务线上化的解决方案。到 2015 年左右，大量的互联网金融公司如雨后春笋般层出不穷。互联网金融业务通过互联网手段开拓渠道，解决传统的获客难题。

互联网金融的发展并不是改变业务本身，而是一种模式的创新，通过互联网的手段实现获客，以数字化货币第三方支付形式降低信用风险。例如淘宝、京东、微博、苏宁、国美等，都是通过已有消费场景，为客户提供消费金融解决方案，在互联网场景中达到获取金融产品用户的目的；但是互联网金融并没有从源头上改变金融业态的生产方式。金融科技的诞生，是互联网时代孵化出的新的业态和组织形态，依托大数据、人工智能、区块链等科学技术手段助力金融机构互联网化。金融科技对信息技术的水平要求更高、应用更为彻底、影响更为广泛，信息技术不再只是推进金融业发展的工具，而是整个金融市场降本提效的核心。

在互联网时代享受过快速成长的红利，又经历过寒冬苦楚的互联网金融企业，对此或许有更深刻的理解，所以当一扇新的窗户出现在金融领域时，曾经享受过红利的既得利益者又会迫不及待地投身其中。一场以 B 端改造为先锋的金融科技时代来临，改造、重塑、创新成为行为参与者共同追求的目标。

同互联网金融时代不同，金融科技时代不再通过运营手段去改变 C 端用户的行为习惯和消费行为，而更加关注如何将新技术融入金融业务的流程细节当中，用科技手段完善金融服务、满足用户需求。

按照人们对金融传统的定义，所谓的金融其实就是理财和投资，但从一家为金融机构提供解决方案的科技型公司的角度出发，这种定义虽然支持了金融业上百年的发展，但同时也极大程度地限制了金融业的发展，最终让金融的功能和作用难以最大程度地发挥。随着人们生活与科技的紧密结合，金融行业更多的功能衍生出来，让金融的功能不再局限于理财和投资，更多地应用在风险监控、消费预测、数据预警等诸多新功能的更新和提升上。

金融功能的开拓和创新，对于深陷监管风险的互联网金融和原地踏步的传统金融来说，无疑开启了一扇新的窗户。借助技术，金融行业可以打破人们对金融封闭的传统印象，并融入人们生活的方方面面。普惠金融，正是金融科技发展趋势的具体体现。以传统金融服务为出发点，以改造传统行业为落脚点同样是金融行业发展的方向。

本书通过数十个真实案例，结合业务链条的五大时间节点进行经验分享，将获客渠道、贷前风控、贷中管理、违约化解、贷后违约处置等各个环节的内部管理与风控系统结合，用当前已经实现的前端技术，深入浅出地讲解了各类金融机构的实时痛点及应变战略。我本人作为金融行业从业者同时也是金融科技应用的探索者，阅读此书感到受益匪浅。本书的书名虽然是小微企业抵押贷，但读者并不局限于小微企业抵押贷的从业人员，各类金融机构的从业者及金融科技企业的管理者，都可以阅读此书，相信它会为广大读者带来意想不到的新思路。

信诚国投资产管理有限公司

管理合伙人　李朝阳

2021 年 5 月 7 日

前言

回顾21世纪以来历年发生的自然现象和社会现象，2020年注定是不平凡的一年，这一年中两个“最大”同时出现：新冠肺炎疫情的出现是21世纪以来最大的一只“黑天鹅”，而部分房地产价格同比下降则是进入稳定发展阶段后国内金融风险方面出现的最大“灰犀牛”事件。

记得网上曾有人说，2019年，虽然是过去十年最差的一年，却应该是未来十年最好的一年。编写这本书的初衷也与这个特殊的交汇时点相关。近两年由于外部环境的改变，我进行了很多次的思考，思考的内容包含生活中的和工作中的，但绝大多数还是关于公司的发展方向。由于本人从事金融投资业务，借助工作之便总能接触一些互联网红利的既得利益者，通过和他们的交流发现，在移动端互联网飞速发展的过程中，很多传统思维及运行准则都发生了巨变。

我从事金融科技的研究源于2010年一次偶然的机会，当时国内金融和科技还没有融合成一个专有名词，那时研究的课题是“投资+技术”，但正是从那时开始，我便懵懵懂懂踏上了金融科技的从业之路。这本书一些内容是对我从业过程中的所做、所闻、所感的记录，另一些内容是对行业内正在发生的变化进行的归纳整理。本书出版的目的，一方面是对一直以来关心和支持这项研究课题的朋友和家人进行阶段性的汇报；另一方面也是将实践过程中遇到的难点、痛点进行分享，希望以此书为平台结交更多志同道合的朋友，通过我们不断的探索为行业发展做出力所能及的贡献。

科技助力不可或缺

自 2010 年开始计算，我国 GDP 增长率由 10.6%下降到 2020 年的 2.3%，经历了数年 GDP 的高速增长后，我国未来经济增长将步入缓慢增长时代。经济基础决定上层建筑，企业发展谋求营收水平及市场占有率的提升，这离不开经济基础的辅垫。业务成熟的大型企业受到经济环境冲击，应对外部风险尚且不易，小微企业作为市场经济中的弱势群体，在外部经济环境波动较大时，对资金流动性的需求更是持续增长。

基于历史的全局性和结构性因素，小微企业本就存在着融资难、融资贵、融资慢的问题，2020 年新冠肺炎疫情的出现使得小微企业借贷需求已经迫在眉睫。为有效解决小微企业强烈的资金需求与疫情隔离管制之间的矛盾，“无接触小微企业抵押贷款”服务再一次被推到风口浪尖。

在整条普惠金融领域小微企业抵押贷业务链条中，为了适应无接触的服务模式，无论是前端获客人员还是中端理财经理及后端的风控人员，从工作方式到思维模式，全部发生了极大的变化：整体来看，无论是头部机构还是中小机构，凡是疫情前在金融科技方面有提前布局的，受疫情影响都相对较小；反观那些纯采用线下模式的公司，在疫情的考验下，都进行了整改甚至退场。众多大型金融机构无一例外地在金融科技领域争相布局，表 1 按时间顺序选取部分实例进行展示，其中绝大多数科技公司成立的使命就是为所属集团公司数字化转型提供解决方案。

表 1　部分金融机构科技子公司一览表

公司简称	所属集团	成立时间	公司简介
兴业数金	兴业银行	2015 年 10 月	兴业数金面向集团，是集团高科技内核和创新孵化器。对内，兴业数金通过上海、福州、成都、杭州、深圳、北京及其他区域研发创新团队，全面负责兴业银行集团科技研发和数字化创新工作。对外，兴业数金致力于运用云计算、区块链、人工智能、开放 API、流程机器人等前沿科技，为商业银行数字化转型提供解决方案，输出科技产品与服务
平安壹账通	平安集团	2015 年 12 月	平安壹账通旨在打造全球领先的面向金融机构的商业科技云服务平台，为金融机构提供“科技+业务”的解决方案，帮助客户实现“三升两降”，即提升收入、提升效率、提升服务质量，降低风险、降低成本，实现数字化转型
招银云创	招商银行	2016 年 2 月	作为招商银行金融科技对外输出的统一平台，招银云创在国内企业数字化服务领域具有核心竞争力，承载着招商银行金融科技输出与发展的使命，致力于构筑银企有效生态，为金融业和企业赋能

表1(续)

公司简称	所属集团	成立时间	公司简介
光大科技	光大集团	2016年12月	光大科技以建设“具有全球竞争力的世界一流金融控股集团”战略目标为动力，助力集团实施“敏捷+科技+生态”战略转型，聚焦“数字化、平台化、智能化”IT战略愿景
建信金科	建设银行	2018年4月	建信金科致力于成为“新金融”体系的科技推动者和生态连接者，助力建行集团数字化转型，赋能“数字中国”建设，让金融科技尽其所能，让社会更美好
民生科技	民生集团	2018年4月	秉承民生银行改革创新精神，民生科技致力于通过大数据、云计算、人工智能、区块链等创新科技，为民生银行集团、金融联盟成员、中小银行、民营企业、互联网用户提供数字化、智能化的科技金融综合服务，共同打造科技金融生态圈
龙盈智达	华夏银行	2018年5月	龙盈智达致力于向金融科技创新方向深度发展，通过整合资源，全力打造垂直金融生态和横向生态闭环，不断深化人工智能、大数据、区块链、物联网等前沿技术在金融场景的应用
工银科技	工商银行	2019年3月	工银科技赋能工行智慧银行战略，成为金融科技创新领跑的孵化器与助推器；赋能行业客户业务创新，成为“金融+行业”生态建设的新动能与新范式

表1（续）

公司简称	所属集团	成立时间	公司简介
北银金科	北京银行	2019 年 5 月	北银金科植根北京、服务首都，深耕金融科技前沿，通过大数据、云计算、人工智能、区块链等创新技术，为中小企业和互联网用户提供数字化、智能化、全方位金融科技综合服务
中银金科	中国银行	2019 年 6 月	中银金科通过市场化运作方式，探索建立科技赋能提升业务竞争力的新机制，共同推动集团科技战略的实施落地
农银金科	农业银行	2020 年 7 月	在集团科技治理框架下，农银金科充分发挥市场化体制机制优势及平台窗口作用，更好地服务集团、服务客户、服务社会，夯实“创新孵化、生态共建、服务集团和科技赋能”四大能力，致力于打造与国际一流商业银行集团相适应的最佳数字生态金融科技公司
交银金科	交通银行	2020 年 8 月	交银金科立足集团、服务客户，完善集团科技整体服务能力，提升核心技术自主掌控能力，促进集团与外界生态深度融合，填补对外给出机制空缺，为集团金科技战略落地持续赋能

数据来源：以上各金融机构官网及相关公告；国泰君安证券行业研究报告。

我研究的课题，在 2016 年正式成立项目并落地实施，开始是通过外包技术团队开发的形式进行，后来招聘自有团队自主开发，五年的时间虽然走了一些弯路，但庆幸的是也取得了一些成果。

在实践的过程中，我们团队为某家全国性质的商业银行的小微企业部梳理业务流程，定制化开发了一套抵押贷业务流程系统；还和几家地方性质的资产管理公司合作，开发了一套通用性的贷后资产管理系统。

截至目前，这两套系统在应用过程中取得了一定成果，还是值得庆祝的。就抵押贷业务流程系统的使用情况来说，对比使用前后一年的数据发现，在获客成本降低 24%的前提下，询值客户数量反而增长了 15%；单笔贷款审核效率由原来的平均 34 天放款提升到使用后的平均 15 天放款；由于效率的提升，客户的实际贷款转化率也由前一年的 1.8%提升到使用后的 6.2%。

询值客户是贷款产品的潜在客户，当他们扫描系统二维码填写完对应字段后，询值评估系统会反馈给客户一个预计可贷款金额范围，客户就该贷款值的认可程度，自行判断是否提起下一步面审实勘流程。

初评值看似是对资产的简单评估，但也是促成交易的核心，考验的是双方的契合度：重点在于客户对自有资产市场价值的认定与询值系统对于该资产市场价值的评估，这两者的契合度是否匹配。该商业银行自从接入抵押贷业务流程系统，大量数据应用系统智能评估后，通过标准的交付性工具给客户提供的金额真正做到了有据可依，增强了贷款额度的说服力，客户也更容易接受贷款额度的准确性，从而极大地提升了客户转化效率。

实勘是风控人员进行面审的重要途径。风控人员实地勘查抵押物，与借款人面对面交流，能够掌握更多一手信息。但实勘面审过程必须投入固定的人员，这就加大了投资成本，因此是否实勘也成了节流的重要考虑范围。在接入抵押贷业务流程系统前，客户通过客户经理进行询值，银行虽然只能获取有限信息，但本着开源为第一宗旨，所以还是尽可能多地安排实勘面审，但转化率明显较低，而且未能做到资源利用的最大化。

自接入抵押贷业务流程系统，系统可助力将风控流程前置，实勘前业务经理就可以在系统中获取大量相关的司法信息及客户的财产信息等有助于判断其资质的相关材料。同时，系统会对信息进行结构性分析，并由风控人员协同判断该笔业务是否具有实勘的必要性。通过改变原有流程顺序，有效实勘到实际放款的转化率提高了 4.4%。

总体来说，抵押贷款的审核业务流程是一个逻辑性极强的环扣流程，但由于业务本身过于传统，所以过去金融机构依靠人海战术获客也可以取得不错的成果，然而当外部环境改变，比如加强了空间活动管制的时候，单纯的线下模式就极易受到制约。

列举上述案例无意过多地渲染金融科技的作用，信息技术的应用也确实没有化腐朽为神奇的惊人功效。我也完全认同在抵押贷款审批中，有大量无法线上化、系统化的步骤存在，实勘面审作为风险控制的必要环节而存在也十分合理。但金融机构的大部分业务或业务中的部分冗杂环节，如果能通过应用人工智能、结构化数据分析、影音传输协同办公等互联网科技手段进行赋能，确实能使其原有业务效率提升，在业务管理的过程中也能收到更多非同寻常的效果。

市场的规则与监管

根据中国人民银行统计数据，截至 2020 年 9 月，全国银行业金融机构小微企业贷款余额合计 42 万亿元，其中商业银行普惠型小微企业贷款余额合计 14.76 万亿元。

在市场经济运行体系下，所有能够形成一定规模的市场经济活动主体，绝对不是以简单的资金投入就可以孕育出来的，但凡能够经受住市场的考验并且逐步发展壮大的运行主体，都会有绝对标准的运行规则以及行之有效的监管体系，无论在哪个行业，如果能建立起这样一套行之有效的规则和监管体系，再找到精准实施的践行者，取得狭义的成功不过是时间的问题。

小微企业抵押贷款之所以能达到如此巨额的市场体量，正是由于其制定了严格的市场规则对参与者进行管理。在借贷行为发展过程中，为规范市场行为，执政当局始终重视市场的健康发展，制定并出台大量的法律法规，例如《中华人民共和国中国人民银行法》《中华人民共和国商业银行法》《中华人民共和国担保法》等法律，以及针对贷款业务而制定的明细管理办法等规定。2017 年 5 月 8 日，银监会公开发布《商业银行押品管理指引》（以下简称《指引》），对商业银行在贷款发放过程中的押品管理做了详细规定，其中包括押品管理应遵循的原则、管理体系、风险管理、押品调查与评估等。各大商业银行内部也纷纷出台进一步加强贷款管理的若干规定。司法机构在整治民间借贷问题上也频频发力。2020 年 8 月 20 日，最高人民法院举行新闻发布会，发布新修订的《最高人民法院关于审理民间借贷案件适用法律若干问题的规定》（以下简称《规定》）。依据该《规定》，以 2020 年 7 月 20 日发布的一年期贷款市场报价利率 3.85%的 4 倍计算为例，民间借贷利率的司法保护上限为 15.4%，相较于过去的 24%和 36%有较大幅度的下降。利率下调的初衷是保持社会融资规模的合理增长，推动贷款主体融资成本的下降。至于成效，还有待长期市场的反馈。

据中国人民银行统计数据，全国银行业金融机构小微企业贷款在 2014 年年底的余额是 21 万亿元，不到六年的时间，小微企业贷款余额整整翻了一倍。面对如此迅猛的增长速度，市场各部分参与者在遵循监管要求的基础上，都在力求稳步创新以提高体制内外各环节的处理效率。

作为金融行业的中坚力量，各类型商业银行在布局小微企业抵押贷款业务时，都不再墨守成规而是采取积极进取的态度。小微企业抵押贷产品以中原地区某商业银行的“永续贷”和华南地区某地方性商业银行的“一站式受理窗口”为例，两款产品都已经基本实现业务流程线上化，力求在极短的时间内，尽可能满足客户对资金的需求。

之所以说是基本实现，是相较于信贷类产品而言的，因为抵押贷产品与信贷类产品从本质上存在着诸多不同：

在金额方面，抵押贷产品普遍涉及金额较大，金额差异造成了抵押贷产品在审批过程中必须进行实勘风控审核，但信贷类产品可以通过量化借款人征信报告、获取消费信息等多维度数据，使得信用类贷款发放完全做到“零接触”。

在实勘尽调方面，服务人员的从业经验有差异，往往会给客户带来完全不同的体验。

在材料审核方面，对于两种产品风控审核部门的工作人员来说，信贷产品可以在系统中实现完全字段化的智能匹配，只要按系统规定提交相应审核材料，金融机构甚至不需要人为作业，就可以完成放款。但抵押类贷款产品在贷前审批客户资料时，不同借款人涉及的司法问题以及还款来源等一系列非标类的审核字段，是风控审核人员必须重点审查的。

正是因为以上不同，所以对于两种产品所制定的监管规则就应用了不同的标准。但监管从未限制各方创新，监管和创新也从来都不是一对反义词，适度监管和金融创新完全可以相辅相成、相得益彰。而且适度的监管可以为金融创新保驾护航，让创新充满活力的同时，又平稳健康地发展和进步。通过我们为各大金融机构提供的战略部署发展方案以及方案实施情况可以判定：未来金融市场的划分以及相应的规则和监管肯定会越来越细化，野蛮生长的时代已经一去不复返。

发展趋势判断

基于对市场监管办法和主流趋势的分析，我认为未来小微企业抵押贷款行业发展前景或会趋于以下三个方向：

1. 贷后处置前置化

根据网络公开信息不难发现：大量贷后处置端资本通过股权投资或新设公司主体等各种形式，已经分别进入第三方贷前服务业务。如2019年成立的某省市级持牌资产管理机构（Asset Management Companies，AMC），对其股权结构分析发现，除国有企业作为大股东的金融控股平台外，又引入大型产业投资基金方及金融科技公司作为战略投资方。

这样的股权结构可谓是打通了借贷市场的整条产业链：正常的借贷行为，由金融科技公司产品助力精准获客并提升借贷过程的流程效率；如债务人产生违约，银行会将违约债权出表处置，资产管理公司会承购债权，债权转化为物权后交由产业方持有，鉴于产业方与金融机构不同，考核标准无短期内资金的流动性变现需求，所以合资主体购入债权的初衷就是希望对于抵押物资产的长期持有。

上述操作方式不仅满足了各方的需求，更使得资产效能本身发挥到最大化。“前置化”不仅体现在贷前审核环节，产业端也纷纷布局贷后处置环节：万科股份入股深圳资产管理有限公司；秀龙地产入股长沙湘江资产管理有限公司；等等。后端进入前端市场，目的是在整个体系中做到术业专攻，提前预警、提前处置、提前设计方案，使得整个产业链内的业务交易结构更加优化。

2. 交易过程透明化

透明的反义就是不透明，在经济活动中交易双方掌握信息的不对称就是不透明。而在社会政治经济活动发展历程中，本就充斥着大量的信息不对称性，在微观经济研究中存在三大假设：最大化原则是信息完全假设，基本前提是理性人假设，逻辑推理是做出市场清出假设。

信息完全假设讲的就是市场经济活动中所有的参与主体，能够完全掌握所有与交易相关的信息。亚当·斯密在整理微观经济学论点时，其所有的微观经济学结论都是基于以上三大假设得出，之所以提出假设来满足后续推论，是因为假设存在难以变现的客观因素与主观因素。

那么业务透明化是否就永远不可能实现了？我认为基于当下互联网科技的力量，假设还是有望被实现的：科技借助电脑代替人脑做出判断，加大理性成分；科技使万物互联，加强信息透明化程度；科技的理性判断，有助于明确止损时点，实现精准把控。伴随着科技的进步，未来的经济活动，应该会打破现有常规，形成一套全新的运行规则。聚焦回小微企业抵押贷领域，交易过程透明化主要包括三个方面：

一是业务流程的可视化（如图 1 所示）。以客户经理贷前获客过程举例，原来客户经理主要负责维系客户，对业务进展全然不知，客户自己就更难以掌握放款时间，加上资金成本等多方面原因，不但极大地降低了客户的满意度，而且客户自身往往要承担较大的损失风险。但现在客户经理通过手机端 APP 或小程序上传基础资料，中后端风控审核人员就可以同步掌握实勘面审信息，各业务审批人员可在系统内实时更新每笔业务的时间节点。同时，系统后端通过权限设置，让业务各方参与者能够精准把控各自业务的进展情况，客户也可以通过 APP 端口进行时点查询。这样一方面，客户能知晓当前进展及预计放款时长等信息；另一方面，金融机构可以在尽可能降低客户损失的同时提升客户的满意度。

图 1　某系统报单业务人员显示界面

二是违约处置节点的可视化（如图 2 所示）。借款人一旦违约，金融机构首先应该想到的是化解违约，而不是急于处置；对于难以化解只能处置的客户，司法处置方案也不应该是首选方案。我在后文中会通过实际案例，分享不同情况下基于大数据聚合分析后的最优处置思路。一旦遇到只有通过司法手段才能处置的客户，债权方一般都不会选择自行处置，而是委托第三方服务机构处理。虽然还是同一个客户，但解决方案的实施已经从金融行业转到了法律行业。俗话说“隔行如隔山”，由于从业经历的不同，金融从业者本就不熟悉司法处置流程，专业知识壁垒更会导致债权方的部分从业者看不懂处置方案，从而难以参与其中。况且市场中还存在部分第三方处置机构在利益驱使下，借助信息不对称的“优势”形成单方垄断。

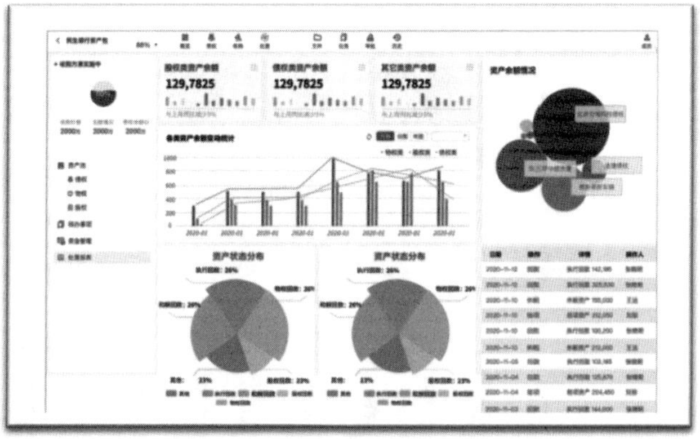

图 2　某系统处置回款可视化界面

为了将违约处置透明化，从业者除了应该扩展自身对于跨行业作业的认知范围，还应该借助科技的力量，把整体处置环节细化。从业者应尽可能从实例中掌握司法处置的流程，最大限度地降低信息不对称带来的获利行为。方案制订方可以按拆分后的步骤实施结费。这样不仅可以节省很多没必要的费用支出，更可以让债权方从业者掌控处置流程及进展，对处置服务方形成约束。

三是资金收支的可视化（如图 3 所示）。无论是发放贷款的资金流向监控，还是处置违约资产或处置大宗单体资产过程中的资金使用监控，对于债权持有方来说，都是一个本应该全程掌控的流程。该流程借助科技系统工具，一是可以分配给业务链条上各个参与方以不同的权限，实现资金在使用的过程中进行区块链分布式管理；二是可以通过数点记录，做到每一笔收支都有据可查。

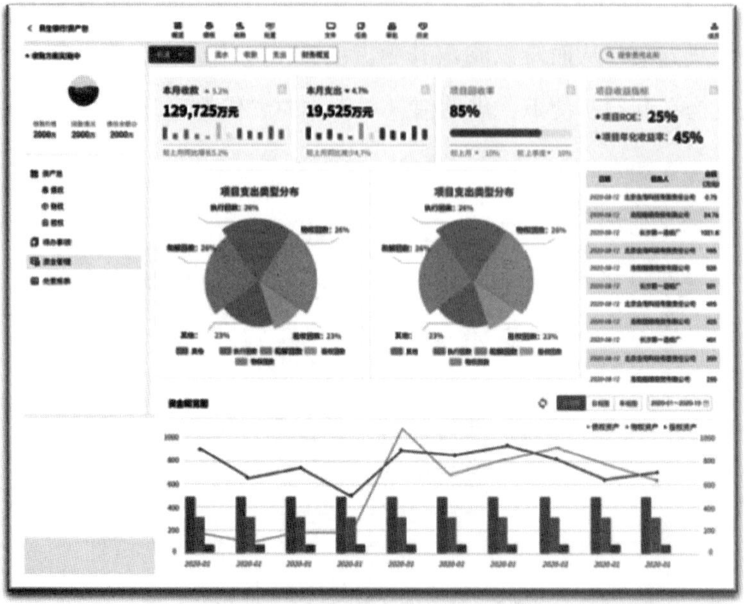

图 3　某系统资金收支监控板界面

3. 纵向发展场景化

未来小微企业抵押贷业务开展最根本的目的是为各方参与者创造价值。在小微企业抵押贷款领域，简单归纳其实就是两种业务链：

第一种业务链是还款过程中客户无违约情况（如图 4 所示），业务流程就是前端获客，中后端风控资质、审核放款，业务人员定期回访。客户满意，形成 KOL① 效应，从而增加客户黏性，反哺前端，

① KOL，Key Opinion Leader，关键意见领袖，是营销学上的概念，通常被定义为拥有更多、更准确的产品信息，且为相关群体所接受或信任，并对该群体的购买行为有较大影响力的人。

实现精准获客。

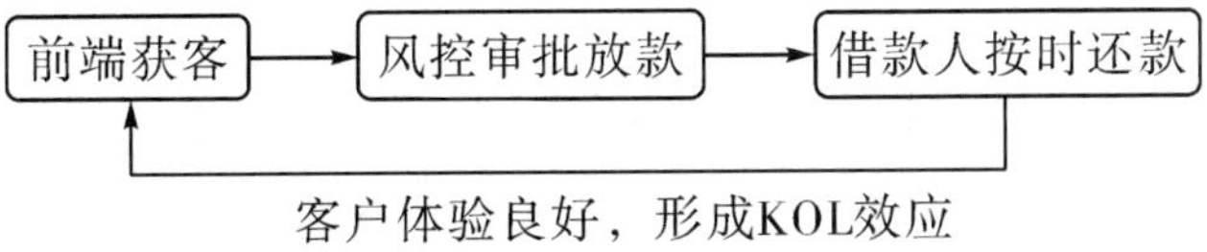

图 4　无违约情况下的抵押贷流程

第二种业务链相对复杂（如图 5 所示），在还款过程中客户出现违约情况，业务流程就是前端获客，中后端风控资质、审核放款，客户逾期，由资产管理公司承购债权，处置团队设置处置方案实现债权回收。

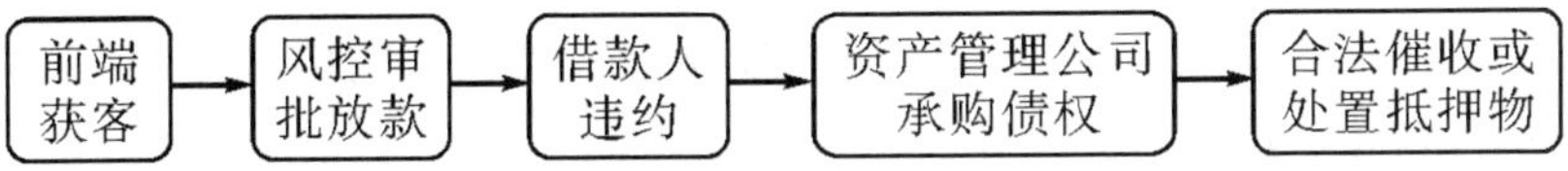

图 5　违约情况下的抵押贷流程

金融机构的战略发展方向是打通整个业务链条，在集团内部实现资产循环，这以传统思维的方式基本很难实现，但借助信息技术的力量，做到服务小微企业的全生命周期，就可以将理论变为实践。小微企业抵押贷款业务的服务对象大多数是中小型民营企业。针对该类服务主体，贷前审核阶段风控大纲设置应以预设的处置方案作为基准，风控部门全流程把控，实现贷前业务公司向前延展第三方获客业务，向后加强自身团队的违约化解能力，力争做到业务流程精细化管理。

要做到精细化管理，就需要科技公司深度了解小微企业抵押贷款业务的全流程，需要科技公司为金融机构提供驻场式服务。原来的技术团队和业务团队完全是两座孤岛，产品经理虽然在尽力搭建桥梁，但收效甚微，大多数的系统对于业务不但没有起到辅助作用反而成了累赘。我们通过服务多家金融机构得出经验，尽管存在相对壁垒，但只要肯下功夫，技术团队是可以理解业务团队需求的。掌握真实需求后，科技的作用是可以达到贷前考虑贷后、贷后了解贷前的目的。最终通过科技的助力，达到链接贷前贷后，让全链条的从业者都能有足够的参与感，都能够享受到科技和数据的力量。

本书中的许多观点都是基于我们现有的从业经验和行业认知，进行的归纳总结，会有诸多不足，期待各位读者随时与我们联系，交流反馈或批评指正。本书的部分写作素材来源于业内多位一线从业人员。由于个人从业履历毕竟有限，虽然仅选取了行业内很小的一个细分领域进行整理，但毕竟涉及金融和互联网两种行业视角，仅靠我个人的陈述，极易产生言不由衷的效果，所以在此还要感谢来自不同岗位的多位撰稿人，他们为此书的出版奠定了坚实的基础。

同时还要特别感谢前进路上的多位合作伙伴：

感谢江西瑞京金融资产管理有限公司的徐宁总经理，您在业务探索方面，始终与我们保持着深度的战略合作，为我们对行业的深度研究提供了最为专业的发展建议。

感谢中闻律师事务所的杨凯主任，您无论是对传统业务的专业法律意见，还是对创新业务广阔的平台效应的见解，对我们的发展都有着极其重要的意义。

感谢北京市正皓律师事务所的祁平主任，您作为我们业务拓展路上的坚实伙伴，始终如一地陪我们走在业务第一线，及时为我们发现潜在风险，为我们保驾护航。

还有很多伙伴对公司的发展都起到了至关重要的作用，在此虽无法一一列举，但都表示衷心的感谢。

这本书的雏形其实是我对公司近几年发展变化的整理，本是身边朋友闲来无事时翻阅的小册子，能够出版真是意料之外的惊喜。我认为深度思考都是源于多维度地了解信息，如今希望以此书为契机，搭建起平台和桥梁，吸引更多志趣相投的朋友共同探讨，谋求行业的新突破。

姜何

2021 年 9 月 8 日

CONTENTS 目录

第一章

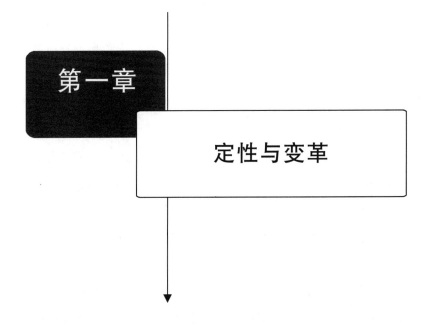

定性与变革

小微企业金融抵押贷款业务可以说是：始于政策，落于银行，兴于中介，服务于客户，处置于化解，革新于科技。

普惠金融（inclusive finance）这一概念最早是在 2005 年由联合国提出，其重点服务对象是小微企业、城镇低收入人群、农民等弱势群体。2006 年 3 月，时任中国人民银行研究局副局长焦瑾璞在北京召开的亚洲小额信贷论坛上，正式使用了这个概念。2012 年 6 月 19 日，时任国家主席胡锦涛在墨西哥举办的二十国集团峰会上指出："普惠金融问题本质上是发展问题。"这是中国国家领导人第一次在公开场合正式使用普惠金融这一概念。小微企业作为普惠金融惠及对象的重点，主要待解决的就是长期以来融资难、融资贵、融资慢的问题。小微企业日常经营不同于大型企业，在资金控制方面无法实现资金的严格把控且普遍具有较强的随意性，一旦遭受市场风险冲击，就极易出现资金链断裂的情况，企业就会面临经营危机。小微企业要解决短期内的资金压力又无大额担保授信，要获得成本低放款快的资金，普惠领域小微企业抵押贷款就成了解决资金问题的首选。

我国普惠金融业务自开展以来，已经取得了十分显著的进展，融资难、融资贵、融资慢的问题也得到进一步改善，但实际发展过程中仍然存在诸多问题。例如，金融体系法律法规不完善；很多政策流于文件，尚未上升到法律层面；普惠金融在商业的可持续性还有待提升；直接融资市场的发展还相对落后；等等。本章将基于普惠金融行业发展现状与行业未来趋势，对小微企业的经济地位、政策信息的解读、产业链内各方金融机构承担角色、主导机构痛点、执业机构规划、主流用户画像分析、行业技术应用现状等方面，结合具体案例进行分析。

▷第一节 小微企业抵押贷款认知

普惠金融的重点服务对象是小微企业。到底何为“小微企业”？“小微企业”是一个集合性名词，是小型企业、微型企业及家庭作坊式企业的统称。提出普惠金融这一概念的意义在于减轻小型及微型企业经营负担。小微企业的划分标准是基于《中华人民共和国中小企业促进法》和《国务院关于进一步促进中小企业发展的若干意见》（国发〔2009〕36 号）两项文件规定。小微企业的认定标准与税收中的小型微利企业的概念略有不同。税收中的小型微利企业的判定标准主要有以下三点：

➢自 2019 年 1 月 1 日至 2021 年 12 月 31 日，从事国家非限制和禁止行业，且同时符合年度应纳税所得额不超过 300 万元。

➢从业人数不超过 300 人。

➢资产总额不超过 5 000 万元。

小微企业在当下国民经济发展过程中，能占据较为重要的地位，离不开普惠金融等相关扶持政策的大力支持。自普惠金融战略实施以来，国务院已经多次研究出台普惠金融领域的相关政策，数次部署相应措施，推动落地了有关于货币信贷进一步发挥协同效应、差异化监管、健全普惠金融发展的法律框架，以及扩大政策惠及面的普惠财税等一系列有效举措，不断加强正面引导和负面约束的双向把控，力争从政策上激励各类金融机构和市场主体加大普惠金融服务力度。国家对小微企业的扶持政策总览见表 1.1。

表 1.1　小微企业国家政策总览

时间	扶持政策
2011 年 11 月 30 日	财政部会同国家发展改革委印发通知，决定从 2012 年 1 月 1 日至 2014 年 12 月 31 日，对小型微型企业免征管理类、登记类、证照类行政事业性收费，具体包括有企业注册登记费、税务发票工本费、海关监管手续费、货物原产地证明书费、农机监理费等 22 项收费
2014 年 4 月 2 日	经国务院批准，财政部和国家税务总局印发了《关于小型微利企业所得税优惠政策有关问题的通知》，进一步扩展小型微利企业所得税优惠政策实施范围
2015 年 2 月 25 日	国务院常务会议中提出，羊年伊始直接释放企业减负“大礼包”
2018 年 3 月 28 日	国务院常务会议决定设立国家融资担保基金，推动缓解小微企业和“三农”等融资难题
2018 年 6 月 20 日	国务院常务会议，部署进一步缓解小微企业融资难融资贵，持续推动实体经济降成本。支持银行开拓小微企业市场，运用定向降准等货币政策工具，增强小微信贷供给能力
2019 年 1 月 4 日	李克强总理考察中国银行、中国工商银行、中国建设银行并在银保监会主持召开座谈会，在座谈会上指出，实行普惠性减税和结构性减税，适时运用好全面降准、定向降准和再贷款、再贴现等政策工具，加大对实体经济特别是民营、小微企业的支持
2020 年 3 月 27 日	财政部发布通知，要求地方各级政府性融资担保、再担保机构 2020 年全年对小微企业减半收取融资担保、再担保费，力争将小微企业综合融资担保费率降至 1%以下

表1.1(续)

时间	扶持政策
2020 年 6 月 1 日	中国人民银行等五部门发布通知，对于 2020 年 6 月 1 日至 12 月 31 日期间到期的普惠小微贷款本金及应付利息，银行业金融机构应根据企业申请，给予一定期限的延期还本付息安排。贷款付息日期最长可延至 2021 年 3 月 31 日，并免收罚息
2020 年 6 月 1 日	中国人民银行会同财政部使用 4 000 亿元再贷款专用额度，促进银行加大小微企业信用贷款投放，支持更多小微企业获得免抵押担保的信用贷款支持。各银行业金融机构要增加对小微企业的信贷资源配置，支持更多小微企业获得免抵押免担保的纯信用贷款支持，确保 2020 年普惠小微信用贷款占比明显提高
2021 年 3 月 5 日	2021 年《政府工作报告》指出，延续普惠小微企业贷款延期还本付息政策；延长小微企业融资担保降费奖补政策；大型商业银行普惠小微企业贷款增长 30% 以上；适当降低小微企业支付手续费。今年务必做到小微企业融资更便利、综合融资成本稳中有降

自 2020 年新冠肺炎疫情发生以来，国家金融政策层面用来支持小微企业的举措更是密集出台。从多次落地实施的政策导向不难看出：国家相关货币政策已经由开始的“宽货币”逐渐转变为“宽信用”，也就是经过前期明显的利率下调来影响宏观经济后，开始更加侧重银行端资金向实体经济的传导，传导的主要形式便是贷款。

银行贷款的类型按划分条件不同，有多个种类。按担保条件不同，银行贷款可分为票据贴现贷款、票据抵押贷款、商品抵押贷款、信用贷款等。信用贷款是根据借款人的社会信用和财力情况决定的放贷行为，而抵押贷款是银行用借款人资产作为抵押物进行的放贷行为。抵押与质押不同，本质在于对担保财产的占有权是否转移。抵押不转移对抵押物的占管形态，仍由抵押人负责抵押物的保管；

质押改变了质押物的占管形态，由质押权人负责对质押物进行保管。

2018 年 11 月 1 日，习近平总书记在民营企业座谈会上提出，要解决民营企业融资难融资贵问题。央行随后提出“三支箭”的思路：

➢信贷支持为第一支箭。

➢民营企业债券融资支持工具为第二支箭。

➢民营企业股权融资支持工具为第三支箭。

2019 年《政府工作报告》中明确提出，全年国有大型商业银行普惠小微企业贷款要增长 30%以上。数据显示，截至 2019 年年末，中、农、工、建、交五大国有商业银行普惠型小微企业贷款余额较上年末增长比例分别约为 38%、58%、52%、38%、51%，均超额完成党中央国务院下达的针对小微企业贷款任务。

2020 年 4 月 21 日，国务院常务会议明确指出，要将普惠金融在银行业金融机构分支行综合绩效考核指标中的权重提升至 10%以上，同时要将中小银行拨备覆盖率的监管要求阶段性下调 20 个百分点。

2020 年 5 月 22 日，李克强总理作年度《政府工作报告》时指出：大型商业银行普惠型小微企业贷款增速要高于 40%。从以上政策不难看出，国家对于金融业务的普惠性指引已经达到了非常重视的程度。

2020 年 3 月 1 日—12 月 31 日，中国人民银行（下称央行）通过普惠小微企业信用贷款支持计划，划拨 4 000 亿元再贷款专用额度，用于购买符合条件的地方法人银行在此期间新发放普惠小微信用贷款额度的 40%，以此鼓励银行加大小微企业信用贷款投放力度，预计该项支持政策可带动地方法人银行新发放普惠小微企业信用贷款约 1 万亿元。该支持计划惠及的普惠小微企业也要承诺保持就业岗位的基本稳定。

各项金融指标数据也可以验证政策所体现的经济调节结果。2020 年 6 月，央行行长易纲在第十二届陆家嘴论坛中表示，央行出台的小微企业信用贷款支持计划与正在实施中小微企业贷款阶段性延期还本付息政策学举措已经取得了良好的效果。截至 2020 年 5 月末，M2 与社会融资规模增速分别为 11.1% 与 12.5%，都明显高于 2019 年。预计这些政策带动全年人民币贷款新增近 20 万亿元，社会融资规模增量将超过 30 万亿元。

然而小微企业的经营者们在实际业务中，对于政策的红利的程度，还有赖于政策传导过程中的流畅性。小微企业经营本身就极其脆弱：从信息获取的及时性来说，大部分小微企业相对于庞大的市场整体就是一座“孤岛”，与上下游企业之间、与金融机构之间难以形成有效的互通，更不要说全面的交互。从商业模式的经营角度来说，虽然局部日常管理解决了生存和赢利的基本要求，但小微企业的稳定性分析不过是自然经济罩上了现代产业管理的外壳。由此体现在普惠金融审核机构对于小微企业信用和风险评估中得到的结论就是，小微企业不值钱且抗风险能力差。因此，小微企业经营者们要做到把握政策导向的同时正视审核的问题。经营者们想要申请小微企业抵押贷款，还需要做充分的准备，争取在此基础上有的放矢、对症下药才能取得事半功倍的效果。

第二节　风控的源头是预防

自2008年全球金融危机发生后，各国金融监管当局都认识到，现行监管框架的完善需要建立健全制度监管，并且加强宏观审慎水平，以加强原有货币政策框架稳定性，并弥补微观审慎监管的空白。2010年我国央行宣布启动宏观审慎监管制度，并于2011年开始建立差别准备金动态调整和合意贷款管理机制，以防范系统性金融风险。央行于2015年12月29日宣布，从2016年起将现有的差别准备金动态调整和合意贷款管理机制升级为宏观审慎评估体系（Macro Prudential Assessment，MPA）。

MPA主要通过以下七个方面及对应指标进行衡量：资本和杠杆情况、资产负债情况、流动性、定价行为、资产质量、跨境融资风险、信贷政策执行。其中评估体系的核心是资本充足率。经过调查发现，目前五大国有银行及十二家股份制商业银行对于MPA考核指标都没有太大的压力，而中小银行，特别是扩张较快的中小银行压力非常明显。各银行主体面对央行的MPA指标全面性考核，亦有应对策略：为使各考核指标达到标准，银行采取的措施是短期内收缩表内外资产，包括信贷业务、表外理财业务和委外业务等，达到信贷资产腾挪出表的结果。为长期满足考核标准，各个银行开始推进由“重资产模式”向“轻资产、轻资本”转型。

资金方受困于市场现状、政策、流量差等一系列原因，纷纷加大自营产品占比。出于风控原因，银行会实施自行监控借款人资金流向的办法。通常来说，借款人并不愿意银行监控其资金的使用方向，例如一些集团企业，资金管理方式是集中管理，贷款主体虽然是其下属企业，但集团内部无论贷款资金还是销售收入都需要归集到集团账户上，各下属子公司统贷统支，由母公司来统一负责调配资金额度并为其支付。对于此类客户，银行想要获得贷款主体的实际资金支付明细，从合规的监管手段出发难以实现。

此外，该类客户由于自身的行业地位较高，业务种类丰富，往来资金量巨大，从而银行授信额度较高，是各家银行都希望争取的优质客户。这类客户往往较为强势，因而难于沟通，银行迫于行业内激烈的竞争压力，为争取业务便选择性地放弃了资金的风控监管。甚至部分银行明知贷款用途不合规，但为了完成经营指标同时逃避监管而在贷款申请时模糊描述借款用途，以隐瞒真实的资金去向，甚至主动帮助客户编造资金用途。这些错误的做法存在巨大的风险。

对于小微企业而言，由于其自身发展规模的限制，银行授信额度往往不高，为获得相对较大规模的贷款，小微企业往往需要提供抵押物进行贷款，由于小微企业数量众多又提供了抵押物，银行往往依赖抵押物的价值，而减少了对于该类借款人资金流向的关注。由于银行对于贷款资金的监管不当，部分本应流入实体经济的贷款资金流向了楼市和股市。

为什么会出现上述现象呢？在国内，拉动经济增长的三驾马车是消费、进出口和投资。由于疫情必要的隔离管制，消费者都宅在家中，突然人流稀少的消费场景给依靠现金流过活的小微企业主带来了巨大的生存威胁。

然而小微企业是串联经济躯体的“毛细血管”，所以国家层面大量降息降准的政策纷纷下达，以拯救小微企业。就在大家众志成城、共抗疫情的群策群力之际，一些只重视眼前小利、不顾及发展大局的套利者出现了。

“套利”一词本是金融术语，是指期货或者现货市场中，利用不同国家或地区短期利率的差异，将资金由利率较低的国家或地区转移到利率较高的国家或地区进行投放，以从中获得利息差额收益的一种外汇交易。

国内降息降准的目的是解决经济下行压力，缓解消费不振及就业困难等问题。央行对于小微企业抵押贷款的降准降息也是为实体经营者提供资金支持，为国民长期正常生产经营消费提供有力保障。但在典型套利者——“炒房客”眼中，成本如此低廉的贷款就如同一套套白送的房子。

对于贷款资金挪用，特别是流入股市、楼市等投机领域，监管部门一直以来从未放松。贷后资金监管主要有两个层面的目的：

一是满足监管要求。包括一些禁止性资金用途，比如证券投资和房地产投资等；也包括部分绕开监管的措施，比如通过“三农”、小微企业、民营企业的融资指标进行贷款，贷款人并非实际资金使用方。比如部分平台公司资金最终流向地方政府预算外的支出项。

二是银行自身风控要求。只有资金用途实际用于贷款申请时说明项目或目的，银行授信和风险管理才相对可控。早在1996年6月，《贷款通则》（中国人民银行令〔1996〕第2号）就规定了对借款人的限制：不得用贷款从事股本权益性投资，国家另有规定的除外；不得用贷款在有价证券、期货等方面从事投机经营；除依法取得经营房地产资格的借款人以外，不得用贷款经营房地产业。2004 年 7 月，银监会印发的《商业银行授信工作尽职指引》（银监发〔2004〕51 号）规定："商业银行不得对以下用途的业务进行授信：（一）国家明令禁止的产品或项目；（二）违反国家有关规定从事股本权益性投资，以授信作为注册资本金、注册验资和增资扩股；（三）违反国家有关规定从事股票、期货、金融衍生产品等投资；（四）其他违反国家法律法规和政策的项目。"2009 年 6 月，银监会又印发了《关于进一步加强信贷管理的通知》（银监办发〔2009〕221 号），重复强调了"要深入细致地做好贷后检查，坚决防止信贷资金违规流入资本市场、房地产市场等领域"。

2009 年 7 月—2010 年 2 月，银监会陆续颁发"三个办法和一个指引"（《个人贷款管理暂行办法》《流动资金贷款管理暂行办法》《固定资产贷款管理暂行办法》和《项目融资业务指引》），对于贷后资金流向监控进行了系统性阐述。信贷资金是一种国家资源，需要有一个强有力的宏观政策进行指导，规定信贷资金怎么流，这就需要银行贷后监测资金流向。就像"房住不炒"这样的政策导向一样，解决小微企业融资难、融资贵的问题也一直是我们发展过程中长期努力的战略方向。

让我们来分析一下，真正受到普惠金融政策扶持的小微企业用户画像究竟是什么样子。近两年我们团队服务的金融机构业务范围多为一线城市，对于其他地区小微企业用户特征虽有了解，但不是一手数据。出于认真负责的角度，此处仅以北京地区为例。先来看一下我们团队服务的金融机构已经放款的小微企业贷款服务业绩数据：两年来累计咨询客户超两万个，咨询客户可放款金额超 1 300 万亿元人民币，由于风控管理较为严苛，实际放款额约有 50 亿元人民币。下面从借款人属性特征、借款用途、还款能力三个方面来依次分析小微企业贷款用户特征。

1. 借款人的属性特征

北京市共计 16 个下辖区，除怀柔、平谷、密云、延庆四个远郊区未做整理，其余 12 个区的小微企业借款人信息，我均做了整理（如图 1.1 所示）。小微企业借款行为主要发生的区域是朝阳区，占比 29.67%。第二是昌平区，占比 14.26%。石景山区最少，占比 1.93%。统计借款人婚姻情况数据可知，已婚与未婚借款人数量基本相同，未婚借款人数量稍多，占比 51.13%。借款人平均年龄为 43.8 岁。借款人学历以大专和本科为主，占比分别为 43.64% 和 39.03%。

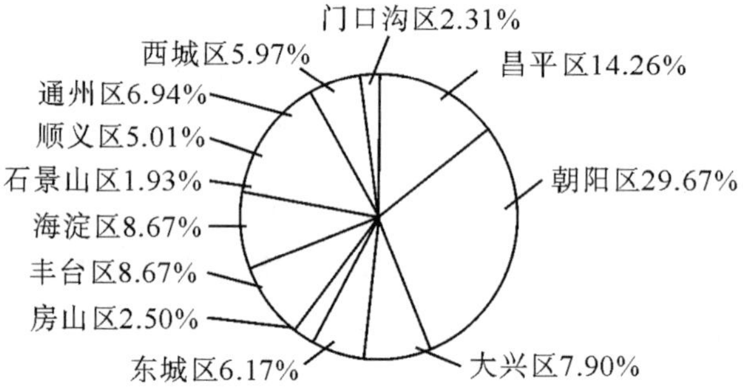

图 1.1　小微企业借款人区域分布

2. 借款用途

对借款人所属行业和现金流向等数据部署结构化后，可以读取发现，贷款产品用户所属行业排名前十依次为（如图 1.2 所示）：制造业、交通运输和仓储业、住宿和餐饮业、文化体育和娱乐业、采矿业、农林牧渔业、批发和零售业、租赁和商务服务业、居民服务和其他服务业、教育业。排名前三的制造业、交通运输和仓储业、住宿和餐饮业借款金额占比高达 42.38%。借款用途主要应用于购买货物、原材料、设备，用于扩大生产经营，用于进一步投资创业等，其中用于扩大生产经营的用户占比过半，为 51.89%。

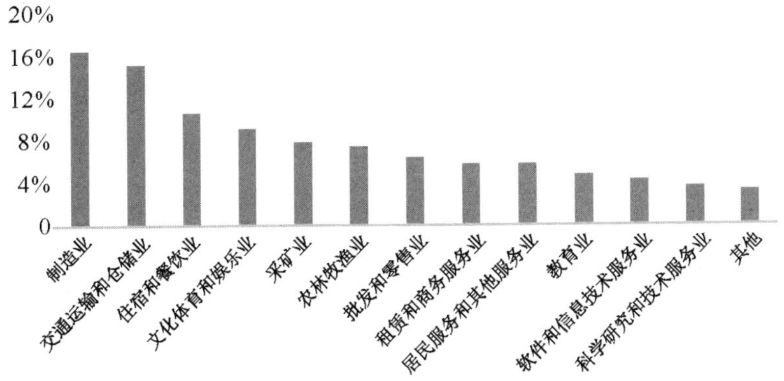

图 1.2　借款人所属行业排名

历史数据显示（如图 1.3 所示）：放款额低于 500 万元（含）的占比 57.29%，500 万~1 000 万元（含）的占比 26.64%，1 000 万~2 000 万元（含）的占比 15.22%，2 000 万元以上占比 0.85%，单笔放款金额最高达 4 700 万元，最低仅 100 万元。总计单笔放款均值为 659.75 万元人民币。

3. 还款能力

系统将小微企业借款人月收入划分为 1 万元以下、1 万~5 万元、5 万~10 万元、10 万元以上四个等级。其中，月收入在 5 万~10 万元的占比最多，约为 38.55%。经过分析，由于借贷行为发生在北京地区，且据上文统计，借款人相对受教育程度较高，截至目前，借款人普遍还款意愿较强，累计逾期率低于 1%，不良率低于 0.5%。

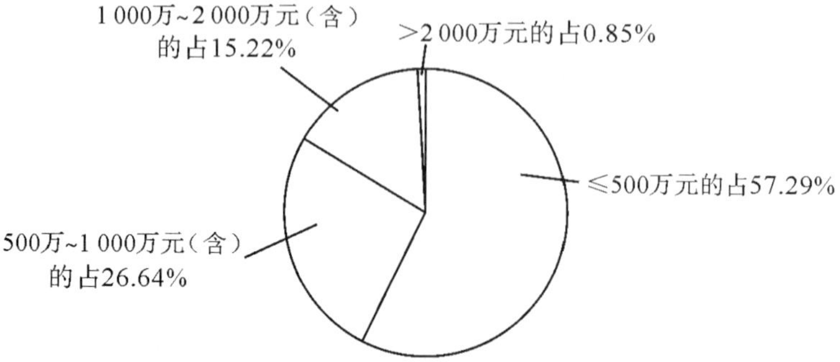

图 1.3　放款额度比例

在当今社会，赋能实体经济不仅体现在银行落实政策号召，还有越来越多的资金及资源已经涌入小微企业等实体企业，力争探索服务实体经济的新机制。希望各位读者能够通过表 1.2，对小微企业贷款产品进行分析，对借款人群进行更深层次的细分，找准细分领域，重拳出击，打造自己的竞争优势。

表 1.2　各银行产品明细

机构名称	利率/%	放款额度/万元	期限/年	征信	抵押率/%	年龄/岁	还款方式
中国银行	3.65~4.35	100~1 000	5	连 3 累 6	5.5~6.5	18~64	先息后本，每年归本
农业银行	3.85~3.85	1 000	1~3	连 3 累 6	50~70	18~65	1 年期先息后本 3 年期循环贷
工商银行	3.65	90~1 000	1~10	连 3 累 6	60~70	18~65	1 年期先息后本 10 年等额还款
建设银行	4~5	1 000	3~10	连 2 累 6	60~70	18~65	先息后本
邮储银行	4.50	1 000	1~5	连 4 累 7	40~70	18~70	1 年期先息后本 5 年期等额还款
华夏银行	4.3~5.7	100~8 000	1~30	连 3 累 6	60~70	18~70	1~3 年先息后本 30 年等额还款
招商银行	5.5	1 000	1~20	连 3 累 7	50~60	18~65	1 年先息后本 20 年等额还款
厦门国际银行	6~10	200~3 000	1~20	连 3 累 6	50~75	18~67	1~10 年先息后本 10~20 年等额还款

▷第三节　金融中介机构的发展与演变

由小微企业在生产经营过程中的直接融资或间接融资形成的市场，在金融行业中被称为融资借贷市场。融资借贷市场作为金融市场的重要组成部分，充分继承了金融市场的三大特性：交易价格的特殊性、交易对象周转的特定性、交易过程中信息的不对称性。由于主体机构的专业性及交易过程中信息的不对称性，一系列金融中介机构（financial intermediation）如财务顾问（financial advisor，FA）、理财顾问等应运而生。传统行业也不断创新以跟随时代的变迁，比如，房地产企业给银行推送住房贷款按揭客户，就是基于巨大的购房需求而产生的中国最大规模贷款辅助类中介行为，而此时的房地产企业便可以间接地看成贷款中介机构。

伴随着金融行业监管政策的革新，以及不同时期不同主流金融机构业务侧重点的差异，财富顾问作为融资中介机构中重要的组成部分，其话语权及行业地位一直产生着或多或少的变化。这类金融中介机构的演变被大致分为以下三个阶段：

2017 年以前是第一阶段——产品类中介。这个阶段由于资源的独特性，各个金融中介机构作为某类银行产品的独家承销商，可以拿到在市场上具有绝对竞争优势的贷款产品。该阶段金融中介机构属于劳动密集型行业，整体行事风格粗放。该阶段整个抵押类贷款的市场基本形成了三足鼎立的局势：2015 年依靠东北地区某商业银行和某信托机构成立的科技金融公司、2016 年背靠某大型集团企业成立的金融中介机构、2015 年依靠某大型互联网金融公司成立的贷款辅助机构。三家机构依靠各自的先发优势，各自抵押贷款掌握额度、利率、速度这三大核心要素，迅速占领了各自领域的市场。

2017—2019 年是第二阶段——渠道类中介。该阶段大批资金方敏锐地洞察到：对于小微企业来说，以金融中介的形式精准的服务其达到融资需求，是一片广阔的蓝海市场。在此时期只要拥有消费场景化的相对优势、掌握足够多的推客渠道资源，同时利用自身的产品优势，也能达到在极短的时间内最大限度地推销贷款产品的效果。该阶段的典型有平安普惠、世贸小贷，它们都是在这个阶段建立了良好的客户口碑，形成了行业竞争力。

2019 年以后是第三阶段——银行类中介。其实在 2016 年李克强总理作两会重点工作报告时指出“大力发展普惠金融”以后，各大银行已经逐步调整战略，纷纷成立小微企业信贷部及普惠金融部。2019 年以后效果最为显著。在五大国有银行响应政府号召的影响下，平安银行等跨区域性质的股份制商业银行，杭州银行、中原银行等全国城市商业银行均亲自下场，大力发展小微企业贷款业务。由于银行自身的资金优势，加之准入门槛逐步放宽，下沉市场逐步开启，大批借贷主体直接流向银行机构，传统金融服务模式已经向去中间化方向发展。

金融中介在借贷行为发生过程中，提供的是一种居间服务。现如今大批银行在大力展开小微企业贷款的同时完成小微企业贷款服务的市场化转型。目前，平安银行及苏宁银行已经推出了自己的

APP，客户只要下载软件，就可以直接与银行联系。本可以在下沉市场中留有一席之地的民间金融中介机构，也在传统金融机构战略性下沉的场景中逐渐消失。

金融中介机构大体可分为客户支持型、资产支持型、风控支持型三类，由于银行在客户获取以及资产规模上有着得天独厚的优势，而且出于对不良率及信用风险的考虑，风控的话语权一直就牢牢掌握在银行手中。这么看来，似乎传统民间金融中介机构毫无存在的必要，但深度思考后会发现，必要性还是存在的。

我基于对某找房平台的思考，将其映射到小微企业金融中介行业，得到如下几点结论，抛砖引玉供大家讨论：

➢金融中介机构应该专注于垂直领域，在熟悉的环境中开展业务。深度比广度更容易成功，要充分认清自己的优势及劣势，基于已有产品争取打造单一要素的相对优势壁垒。

➢相较于百度、阿里巴巴、腾讯等互联网公司，传统金融中介深耕布局会更有优势，然而行业从业人员的综合素质应有全面提升，应借助线上化部署，充分发挥金融中介从业人员之间的协同作用，争取效率第一。

➢在普惠金融小微企业借贷业务中，要重视风险，适当使用杠杆，严控不良率，超级杠杆绝对不能应用在此项业务中。

希望各位行业从业者也能以前人为鉴，取其精华去其糟粕，同时在闲暇之余思考，汲取其他行业先锋成功的法门，应用到自身行业以减弱边际效应，降低试错成本，增加容错率，早日寻到适合自己发展的康庄大道。

借贷业务本就是商业银行获利的主营业务，紧跟时代步伐谋求发展是商业银行作为营利性金融机构的生存需求。开展小微企业贷款业务，也是商业银行完善自身业务系统，力争利益最大化的主动变革。但在开展业务的过程中，各种不确定性因素都有可能引起货币无法按时回流，违约风险一直是金融机构必须要面临的一项风险。当违约行为发生，金融机构就会形成不良资产。

▷第四节　商业银行变革进行时

小微企业需要在发展经营过程中不断扩张壮大，无论是基于自身业务的横向延展，还是产业链内的纵向深耕，都离不开资本的介入和影响。资本市场中的融资方式主要分为两类：一是直接融资，二是间接融资。由于我国独特的资本市场环境，间接融资在整个融资体系中占绝对的主导地位，而在间接融资中银行体系仍是小微企业主要的融资渠道。金融政策支持小微企业发展的红利，只有通过银行机构进行有效传导，才能对小微企业的发展产生实质影响。据万德数据，各类金融机构小微企业贷款余额中：国有银行占比为21.2%，股份制商业银行占比为13.6%，城市银行与农村银行总额占比为39.5%，外资银行占比为0.8%，信托机构占比为22.1%，其他金融机构占比为2.8%。

自普惠金融概念提出以来，政策导向积极推动金融行业各机构加大加强资金向实体产业流动，在扶持实体经济的权重占比中，又着重强调了普惠领域小微企业贷款的重要意义，并提出实质性要求。在2019年《政府工作报告》提出“全年国有大型商业银行小微企业贷款要增长30%以上”的要求以后，各大商业银行积极行动，2019年全年普惠领域小微企业贷款余额增长了3.59万亿元人民币，相较于 2018 年年末增幅高达 44.88%。中国人民银行统计数据显示，截止到 2020 年 9 月，主要金融机构普惠金融领域贷款余额为 20.98 万亿元人民币（如图 1.4 所示），其中普惠型小微企业贷款余额为 14.6 万亿元人民币（如图 1.5 所示），小微企业普惠金融贷款余额占整体普惠领域贷款余额为 69.59%。

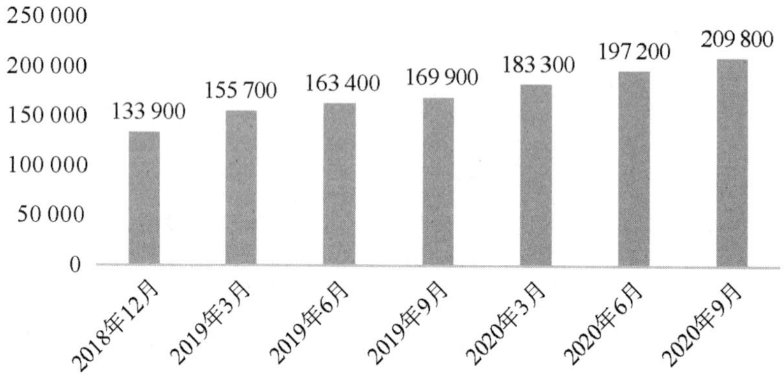

图 1.4　普惠金融领域贷款余额（亿元）

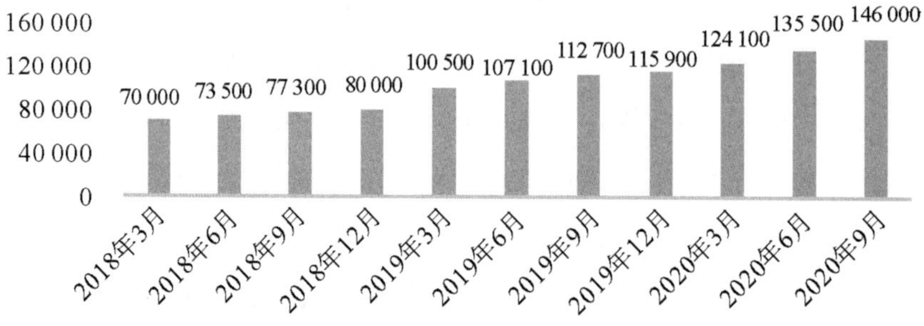

图 1.5　普惠型小微企业贷款余额（亿元）

2020 年突发新冠肺炎疫情，小微企业的脆弱属性更加凸显，企业生存亟须银行资金支持。但银行在金融系统中承担着防范和化解风险的重要使命，对金融市场中系统性风险和非系统性风险的预防承担着首要风控官的重要角色，小微企业并不容易获得普惠金融贷款。

基于中国银行保险监督管理委员会（银保监会）对于银行展业的规范要求，以及贷款过程中面签这一重要环节的限制，提供普惠融资的机构有一定服务半径，贷款总额和发放名额虽多，但机构所属地域资源有限，各项限制也多。所以大多数银行给经营过程中有资金需求的小微企业留下的印象都是“不愿贷、不能贷、不敢贷”的“三不”情绪，只有把这一核心矛盾解决好，金融支持的一系列政策才能真正落地。

与银行从业人员进行交流后可知，银行在响应政策号召的同时，应该积极调动普惠金融供给端的内生动力，充分激发系统内部的激励传导机制。以某跨区域性质的股份制商业银行为例，该行内部要明确提高普惠金融业务考核权重指标，同时完善各个分支机构的绩效考核方案；加强投入资源的配置力度并成立单独核定的信贷业务规模；对普惠金融的贷后不良率容忍度做细化管理，进一步明确各个实操工作人员及所在分支机构的尽职标准及免责条件，以此作为化解矛盾的核心方案。

出于金融机构自身营利性要求，2010 年以前服务小微企业的金融机构把普惠金融当作一种政治担当以及社会责任。而当下由于产业结构调整和供给侧深入改革等政策的强指引性，商业银行小微贷款业务市场化转型已经深入人心。

银行转型向小微企业服务，已经成为各类型商业银行不约而同的选择。方向虽然已经确定，但商业银行作为主流机构，应当如何助力普惠领域还须参考已有经验，并对实实在在应用于小微企业的贷款产品进行分析后，提出两方面考量：一方面，与产品使用者进行沟通讲解时，要形成基于产品本身独特优势的明确分工体系，为普惠领域市场化奠定基础；另一方面，商业银行应该基于小微企业的经营场景，在银行内部形成适应市场的产品敏捷研发模式，满足使用者需求的同时产生产品竞争优势。具体来说就是在营销获客阶段与产品服务方面，都要谋求新发展。

1. 营销获客阶段的创新——商业银行全景化获客

传统金融机构获客的渠道往往以线下实体营业网点为营销服务重点，这种商业模式不但运营成本高，而且难以适应当下移动互联网环境下的用户需求，效益与效率都比较低。并且传统金融机构的服务对象往往比较集中于某些特定的领域，行业内竞争已经趋于白热化，以当前的运营模式难以实现产业升级与资产收益的提升。且在传统金融业态中，机构资金来源除少部分自有资金外，还有大量外部资金，而这些外部资金会随着时间线的延长造成金融机构成本增加。在线上金融服务模式不断创新的当下，创新型金融科技平台汇聚了大量小额资金收支的使用场景，使得机构业务在资金方面也会遇到不小的挑战。

要解决以上痛点，就要有相应的应对方案。《诗经》有言：他山之石，可以攻玉。大型金融机构其实早已入场成立子公司布局金融科技，在上文也列举了主流金融机构设立金融科技子公司的时间及简介。金融科技公司到底有哪些方法可以匹配潜在客户呢？国内某知名互联网科技公司负责人曾表示，购买流量式获客的竞争力正在下降，因此，新模式一开始是基于场景式获客布局，历经了泛场景获客、垂直场景获客、共享平台获客的三个过程，当前金融科技公司的目标是全场景服务用户。

案例解析

2019年11月，一款名为“天天贷”的金融产品落地推广。该贷款产品是由天津银行和招联消费金融按5：5的比例共同出资，但本次银行和金融科技公司的合作方式略有不同。传统逻辑认为由于银行具有行业内业务深耕属性，科技公司借助技术力量扩大宣传范围，所以以往都是银行负责风控，金融科技公司负责全网获客。但本次合作风控主要由招联消费金融负责，天津银行负责获客。此次转变就是一次传统思维方式向互联网思维转变的巨大跨步，对于城市商业银行来说，其不但拥有低成本资金，且由于传统的展业模式多为线下，实体店面早已铺设完成，换个角度思考，这些都是金融机构的天然优势。而金融科技公司是在大数据和人工智能等互联网的时代变革浪潮下成长起来的，通过技术手段建立系统，实现结构化数字风控的能力相对较强，所以风控程度也会更为严格。

当然传统金融机构由于实体的存在，运营成本自然就会升高。面对运营实体网点成本高、效益低的问题，我们总结了过往服务金融机构的经验，提议金融机构可以采取“直销模式”，在数量形式上减少线下实体网点的设立，配合移动数据以及云计算分析，结合当下的虚拟现实和增强现实技术，设立基于视频形式的虚拟网点，降低人工成本的同时完成线下转线上的业务布局，增强金融产品的场景化应用。建立虚拟网点绝不意味着消除实体网点，未来的实体网站应该以体验式、交流式、展览式三合一的形式存在。通过线下的优质体验甚至可以反哺线上，形成线上 KOL 效应。

在高净值客户获取越来越难的问题上，利用人工智能与大数据，让机器深度学习线上电子商务与线下 O2O 数据，为金融机构提供金融场景数据，再与国内领先的金融科技公司开展深度合作，完成借贷过程线上流程化操作，以此适应广大用户对便捷性操作的需求。

面对金融机构业务拓展时间线长、资金成本过高的问题，我们可以用移动计算提供综合化、场景化的企业金融信息查询背书，同时完成个人信用服务管理。

根据我们为各金融机构服务的历史经验，金融机构要培养团队互联网思维，着力于打造直销模式自主获客与内外场景化获客，建立线上与线下、消费与场景结合的获客模式。线上低成本自主获客成为主要获客模式。线上直销模式是移动互联网时代背景下新型金融机构的经营模式，主要通过线上渠道拓展客户，降低了实体店面运营过程中的经营费用和管理费用，具有客群清晰、用户使用便捷的特点。

线上直销模式将会打破传统线下实体服务的时间和空间限制，可以为客户提供全天候无间断的金融咨询服务，通过互联网更好更快地反馈客户的疑惑。线上获客完成后，线下门店将成为辅助角色。银行可以以精准服务为客户带来超预期的体验，打造出线上线下互通的渠道服务模式，基于移动互联网进行获客、产品销售，并提供服务保障，更好地适应市场化转变，满足消费者需求，完成产业转型升级。

案例解析

2021年1月底，巴西的Nubank宣布完成了4亿美元的G轮融资，估值250亿美元。Nubank自2013年成立，2018年成为为金融科技赛道独角兽，用户量从2019年的1 200万增长至如今的3 400万。近些年来拉美地区逐渐成为金融科技的沃土。作为拉美金融科技的先行者，Nubank最早的切入点是信用卡业务。由于巴西有着极为复杂的开户程序和高昂的利率费用，Nubank通过互联网、数字化的普及和低成本的融资贷款替代方案，成功抢占了近5 500万无法享受银行服务的用户群体，其市场推广的主要渠道是用户之间的推荐和口碑营销，获客成本几乎为零。

金融机构线上全景化获客方式分为内部场景建设方式与拓展外部场景方式，是一种由场景金融服务形式衍生出来，兴起于消费金融领域的服务模式，主要通过互联网学技术手段，提升原有的服务体验或将金融产品应用于新的服务场景中。在互联网的大背景下，服务就会带来消费，消费则会产生支付、借贷、担保等一系列相关的金融需求。

金融机构可以通过与社交平台、电子商务平台、流程化作业平台等平台类互联网企业合作：平台类互联网企业为前端宣传及获客提供规模化的数据流量，利用其移动互联网流量优势开展推广获客，以移动视频技术作为支持，低成本地实现视频宣传、线上路演、投资者教育等一系列服务。同时通过大数据分析，实现产品服务对象的精准智能推送，从而吸引高净值客户资源，再通过 O2O 服务形式，实现场景化获客与金融机构产品服务的无缝接。

当然场景金融的应用，也必将给线上风险管控带来巨大挑战。后文将介绍如何利用金融科技管理工具支持金融机构实现资产穿透式管理，并通过大数据分析与风险控制模型等进一步评估产品用户的信用情况，实现金融机构后端规模化客户管理，最终让场景金融获客方式真正落地。三种获客模式的结合（见图 1.6）有利于产品在不同场景中落地，从而为客户提供高效、透明、便捷的金融服务。

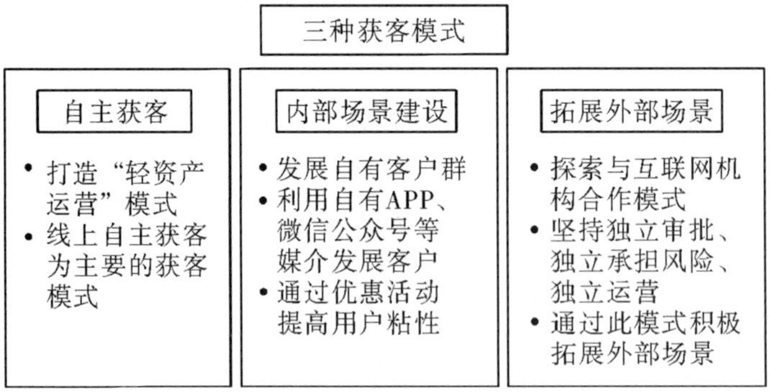

图 1.6　三种获客模式

线上平台的建设应该基于新一代高速互联网的建设，运用虚拟现实和增强现实等技术，在保证传统客户服务体验的基础上，解决金融机构存在的获客成本高、获客不稳定的巨大难题，实现金融机构向低成本、高效率及轻资产化的转型。为了在降低平台基础设施投入的同时保证服务质量，增强服务的线上体验，金融机构可以选择与金融科技公司合作，通过科技手段建造稳定可持续的发展闭环（图 1.7），匹配优质客户，建立产品竞争优势。

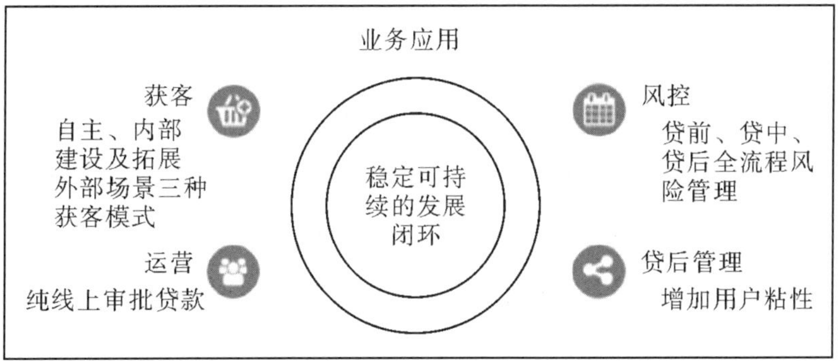

图 1.7　可持续发展闭环

2. 产品服务阶段的创新——通过金融科技优化客户分类，提供定制化服务

大多数金融机构在开展业务时，都会形成风格各异的客户评级风控管理方式，但对于大多数金融机构来说，优质客户的评价标准却近乎一致。金融机构会按照客户的资产和负债水平来评定客户的资质级别：金融资产如银行存款、理财产品的持有数额，固定资产如住宅类、商办类等房产或大型机械设备的资产证明，资金流水如营业收入支出、工资等数额信息，客户负债信息如信用卡透支情况、贷款情况等。

上述金融机构评价方式注重客户第一资产信息，无疑是最简单有效的。但长此以往，根据马太原则使得客户群体单一化，难以充分有效利用资源，对于一些隐藏的优质客户，就无法针对其需求，提供定制化服务。同时，在电子商务和移动支付技术都飞速发展的当下，金融机构的大量线上化平台类产品层出不穷，为资金流动频繁的客户提供了极大的便利，客户可以足不出户就完成多笔小额转账业务，虽然高频交易的问题得以解决，但对于短期内需要大额资金支持的小微企业主来说，审批时间长、融资成本高等问题依旧存在。

经过市场检验能够持续赢利的小微企业，日常的现金流动性往往特别好，但由于小微企业经营者财务处理不专业、日常管理成本高等问题，这类客户在金融机构的评级体系中往往算不上是优质客户。如何提升小微企业的信用评级水平呢？运用海量数据分析，是有可能解决这个难题的。

现在有很多金融科技类互联网巨头公司，为了抢占支付市场，给广大小微企业提供手续费更低、更加便捷的收款工具。例如，移动扫码机、移动 POS 机等便捷的资金交付与财务管理服务工具。通过硬件设备投放，吸引小微企业用户使用，金融科技类公司可以抓取客户经营与财务相关数据信息，打造出了基于微型 ERP 的支付生态体系。然后通过数据分析经营者的累计流水信息，利用信用风险化模型对众多的客户进行信用评价，打造基于数据的供应链金融评级制度。当客户的信用水平在系统中评级优质时，可以为该类客户提供审批流程简单、手续简洁的金融产品服务。

对于未在册的客户，除了打造信用评价体系，金融机构应该加强与科技公司的合作，通过技术手段深挖客户开源信息，收集、整合并分析客户的工商、司法、舆情等多方面集合信息，应用机器学习的技术手段对于客户不同时期的信用表现进行动态管理，在系统内部自动生成关联图谱。通过大数据对风控评价模型敏感度与准确性的训练，进一步分析客户的资金用途、金融产品使用意愿及承受水平、还款能力等方面情况，对产品使用者进行精准分类。为加强金融机构的信息流动及管理能力，与科技公司合作的业务平台上可以加入基于区块链技术的智能合约功能，由储存在区块链上的代码，实现自动化的交易触发记录。由于交易相关的所有操作以及资金流动均属于链上行为，可以在每一个交付收支节点上存储相关数据，金融机构可以根据风险评估模型结论，为优质客户进行算法成果匹配，精准测算可贷款额度。

过去互联网金融在匹配优质客户时，往往只注重提升效率而忽略了风险管理，金融科技应该首先解决风险的问题，其次才是效率的问题。传统金融机构要获取新客户，只能等待客户主动上门咨询，达成共识后才能形成业务往来。传统业态下金融产品的宣传与推广渠道，大多又比较固化，要通过新闻媒体、广告牌投放、中介机构代理和影视剧赞助支持等形式进行。

上述形式都会产生投入大、成本高，但实际客户转化率极低的问题。在趋同的产品矩阵营销方案面前，除了使客户陷入长期的选择困难外，金融机构及体现难以产生本质的竞争优势。此外传统金融机构受制于资源、文化、机制等因素影响，在科技想象力及系统产品研发方面存在思维局限，创新效率低，由金融从业人员进行业务系统科技化转型，就会存在研发成本高和开发周期长的问题。传统金融机构在业务模式转型的过程中，与新兴科技金融公司结合，成了解决问题的不二法门。

银监会①、科技部②、央行③曾联合发布通知，鼓励金融机构与科创类企业开展联动试点，为金融机构拓展营业思路创造了条件。为了低成本且高效地实现产品的宣传与推广，基于智能的线上社会化营销手段，可以通过社交媒体和大数据分析技术实现，从而达到

① 银监会，即中国银行业监督管理委员会，2018 年 3 月撤销。

② 科技部，即中华人民共和国科学技术部。

③ 央行，即中国人民银行。

拓展产品营销渠道的目的。与金融科技公司的合作方式可以通过开展联动业务模式，联合投资机构设立金融科技产业联合投资基金，将传统金融机构、风险投资基金和金融科技创业企业之间的优势进行互补，彼此成为利益相关者。以此合伙方式发展可以碰撞出许多新鲜概念，伴随着科技水平不断提升，我们对未来金融行业的运行方式充满期待。

针对金融企业来说，利用业务线上系统化的方式与科技公司展开业务联动，有别于传统的财务投资方式。金融机构要为科技公司开展业务梳理过程提供强有力的支持，为科技企业提供全生命周期的综合金融服务。以此种方式开展后，科技公司可以从业务合作和企业服务中获取资金收益，金融机构可以通过科技公司提供的服务，获取资本性收益，从而更好地完成金融科技生态绑定。

当科技公司完成业务流程及产品展示的线上化后，金融机构可以借助新媒体时代红利，充分利用微信、微博、论坛等社交媒体进行移动性的立体营销，以更高的透明度，有效吸引、保持、增强客户互动，建立低成本的营销渠道。如根据小微企业行业细分用户画像，对用户进行标签化刻画和精准分层，通过大数据技术获取和分析该类群体的行为特征，通过社交媒体相关模块为小微企业主推送金融产品服务，以吸引有此类需求的用户。

以此类推，金融机构可以通过社交媒体与大数据技术的配合使用，对用户从社交到交易的行为路径进行挖掘、分析和管理，有针对性地吸引潜在需求客户，个性化定制、提供高阶形式的金融服务，精准定位客户，实现金融产品的精准营销，提升金融机构产品的匹配度，进而完成客户对金融产品的需求。

政府部门对金融产品的营销推广方式有较严格的监管要求，客户在使用金融产品时所蕴含的风险性，都使得金融产品的营销空间更为局限，而基于人工智能的线上化社会营销方案，可以帮助金融机构在把控、监管风险的前提下，积极宣传金融产品，拓展推广渠道。

互联网环境下的社会化营销技术日新月异，如基于社会媒体用户习惯的原生图文软广推荐、图文与视频公开课的宣传等，都增加了营销主体与用户在媒体平台上的互动性，更好提升客户黏性的同时完成了投资者深入了解产品的可能性。

当金融产品的用户群体累积到一定数量后，金融机构可以进行有效引导，将线上的关系用户真实地转化为线下的体验用户或消费用户，从而形成线下客户转化线上运行再到线下成交的营销闭环。同时在互联网背景下的客户营销方案，可以考虑从金融业的实践出发，利用网络行为大数据技术，形成覆盖用户与金融服务的多维标签体系，运用客户分层理论进行定位，就可以实现更低成本、更具有针对性的精准营销。

金融科技公司的支持，有助于搭建基于客户分层的智能营销管理平台，实现客户信息的自动化与智能化管理，推进营销管理模式再造能力，完成制度的完备完善。通过上述技术手段，在客户筛选的过程中，不可利用人工智能手段建立起属于该类金融机构的独特优势，掌握客户需求，培养客户黏性，在类似的客户群体中形成意见领袖效应，从用户需求出发建立产品竞争优势。

本质上来讲，正是由于客户的消费需求不断升级，期望获得具有更加个性化、便捷化、高效化的低成本产品及服务，然而现有的产品供给方式尚未满足这样的需求。前文提到我国的借贷体系以间接融资为主，由于传统金融机构强大的话语权，使得金融服务的专业度和细致程度都有待加强。正是由于日益增长的用户需求与一成不变的服务供给之间产生了巨大的矛盾，才促使了金融科技公司的创新与发展。

金融科技概念能被大众广泛接受，要得益于新兴信息科技的无形支持和技术上运维的庞大数据基础。这使得科技公司可以依靠社交平台和电商平台等产业场景来获取海量的客户数据，通过数据整合降低中间商流程，提升业务服务效率的同时降低人工成本，以技术的形式减少金融交易过程中的信息制约，打破了传统金融交易中信息不对称性带来的束缚，有助于企业打造金融服务的规模效应。我们认为未来金融科技企业的功能定位应该是：可以协助传统金融机构完成数字化转型需求并逐步开展金融服务的科技型企业，通过平台化建设输出相关数据与技术的解决方案，实现产业、商业、应用场景与金融的深度融合，在供给侧为金融机构业务拓展提供解决方案。

如何能做到业务场景与金融产品深度结合，上文根据系统定制化设置字段分析，得到了借款人的用户画像分析，我们可以把借款人的资金用途大致分为企业日常经营、展业投资项目、资产变现周转使用等三种常见类型。根据国家政策导向及相关贷款利率红利，借款人往往会“隐藏”实际借款用途，将真实用途包装成企业经营，用来申请企业抵押贷产品。

对于抵押类贷款业务来说，金融机构更注重借款人的第一还款来源，只要房产市值及流通率达到金融机构要求，风险审核业务人员便不会十分在意借款人的真实借款用途。但是对于无法掌握实际资金流向的风控审核管理而言，如客户出现违约行为，对于后期处置便会产生巨大风险，违约债权处置相关内容在此不做过多赘述，将在后面章节详细介绍，让我们回归贷前风控管理。

金融机构为有效控制客户违约率，应充分利用互联网信息技术红利，借助数据和技术的辅助功能，将贷前可控数据穿透到极致。当前市场上有很多金融科技公司专门提供用户信用管理服务。金融机构应该考虑与该类型公司进一步合作，共同搭建用户信用管理平台，多渠道实现个人征信数据和关联人风控信息的汇集，利用机器学习技术人工智能一键生成基础信息可视化关系图谱，信息内容包括但不限于借款关联人如配偶、子女、父母等亲属的工作内容、工作单位、实际收入、名下资产明细等信息，进而挖掘借款人资金真实用途。金融机构以该平台为基础，不但可以加强投资风险教育，还可以辅之正规渠道投资理财、资产管理等金融服务功能。不仅有效降低了客户误入非法集资等金融诈骗风险，从源头降低客户违约可能性，还有助于增加客户与金融机构之间的用户黏性，充分满足客户的派生需求。

随着我国经济水平的发展，国民人均财产总值逐年攀升，房产作为当下国民资产的重要组成部分，特别是北京和上海等人口高度聚集的核心城市，资产能够有效流通，变成了资产持有方的绝对刚需。通过金融机构提供的金融产品，资产得以变现后，财务升值需求便随之而来，而传统的财务管理服务，往往是理财经理或财务管理顾问作为交易核心，通过个人魅力来解决用户与金融机构之间的信任难点。

但长此以往，在服务推介和客户管理等方面都会产生极高的人工成本，难以适应当前阶段高效金融服务的特性。金融企业想要跟上时代步伐，就要利用互联网服务特性，基于自身业务需求辅以科学技术。应引用移动数据计算的资产管理服务，可以针对不同的大众群体，以极低的边际成本提供不同周期、不同回报率、更具有针对性的金融服务。

要分析贷款客户的实际用款情况，可引入由人工智能和大数据技术驱动的智能投资研究，利用知识图谱、自然语言处理、光学字符识别等技术自动对应企业主营业务，实时分享热点新闻、行业研报、产业链上下游信息等智能分析，为客户提供视觉化便利化的财经信息和投资分析工具，也便于收集客户信息。再结合客户此前的累计沉淀数据及投资者行为分析，预判客户的理财需求和风险承受能力等，通过系统便捷实现信息系统汇集、财务数据智能分析、多维度尽调报告模块化生成，提升对客户的追踪与维护的效率。

总结以上观点，当代商业银行的发展正处于传统信用货币体系向数字化经济模式转型时期。著名作家、思想家宾塞·约翰逊曾在书中写道：世界上唯一不变的就是变化本身。历史的经验也告诉我们，个体想要取得成功应该顺势而为。对于商业银行来说，变革无论是迫于无奈的被动接受，还是战略发展的主动创新，在变化的洪流中前行都是其现在进行时，顺应供给侧改革，产品设计要同时考虑自身成本、用户需求和竞争对手产品，获客方式要借助互联网科技的力量。传统金融机构是监管决定格局，所以在自主创新方面一定有诸多顾虑，但金融科技公司的基因源于互联网产业，相信跨产业的灵活性会给本次变革带来一些不一样的成果，我们也拭目以待。

第五节　互联网+产业协同发展

金融科技虽然是一个新兴词汇，但金融+科技可不是新的尝试，从 1967 年第一台 ATM 机在巴克莱银行问世，就预示着金融与科技相融合的开端。在之后的三十年，金融信息化进程不断加快，计算机与互联网技术趋于成熟，其广泛应用也推动世界各大银行、金融机构推出线上业务，金融与科技的结合愈加紧密。

2008 年暴发次贷危机，银行传统业务遭受重大打击，极力寻求转型，金融机构与科技公司有了更多的合作，加速了金融和科技的融合。

2009 年比特币诞生，加密货币、区块链技术进入了大众视野。在这一阶段，受移动互联网浪潮的影响，金融科技的发展需求愈发强烈。国内金融科技企业开始大放异彩，开启了传统金融渠道的大变革，利用互联网和移动终端汇集量级庞大的用户和信息，将金融业务资产端、交易端、支付端、资金端实现互联，金融机构间信息共享，为金融机构创造更多的机会和可能。最具代表性的包括互联网的基金销售和互联网保险。

如今，全球金融科技市场已经进入全新的时代，全球金融科技的使用率从 2015 年的 16%，飞速增长到 2019 年的 64%，中国的金融科技使用率更是高达87%，远远高于全球平均水平的33%。从图1.8我们可以看到，发展中国家的金融科技使用率远远高于发达国家。原因在于发展中国家金融建设较晚，相较于金融建设成熟的发达国家，对金融科技更为重视，所以出现了“跳跃式”的发展。

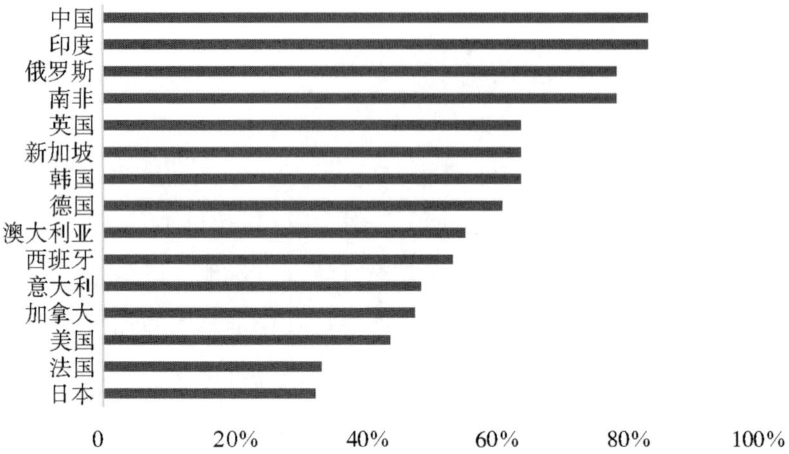

图1.8　2019年部分国家金融科技使用率

目前，我们主要需要思考如何让金融科技实现普惠性，利用科技手段去解决金融行业长期以来的痛点，这才是推动金融科技进一步发展的主要方针。在这一阶段，四大底层技术：人工智能、区块链、云计算以及大数据与金融业务不断融合（图1.9）。科技对金融的赋能不断强化，各类政策的扶持力度不断加强，数据价值不断被挖掘并终将释放出来。

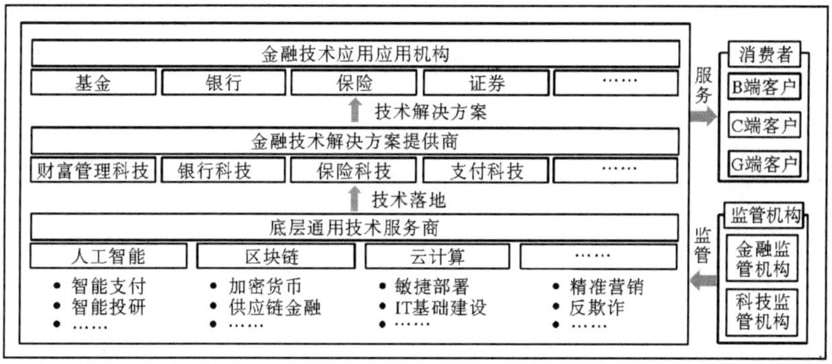

图 1.9　金融科技生态体系图

纵观全球经济发展历程，无论是发达国家还是发展中国家，小微企业融资难、融资贵、融资慢都是个亘古难题。清华大学互联网产业研究院的相关研究报告显示：全国小微企业产生的资金需求76%都没有得到满足。目前的实际情况是，在从党中央到各级行政单位的大力支持下，我国小微企业的资金需求问题正在逐步解决。

这些改变主要来自两方面的全力支持：一是政府政策为解决小微企业融资难题，鼓励基础国民信用数据信息对银行业逐步开放；二是基于国内互联网行业的飞速发展，分布式、云数据等多项互联网技术的广泛应用，不仅做到了操作步骤笔笔有据可查，降低了从业人员道德风险，而且利用互联网对于数据信息的精准处理能力，从业人员的办事效率也得到了直观的提升。

小微企业申请普惠金融贷款，资金从银行到小微企业经营者的流转过程中，银行从业人员需要做大量工作，包括信息收集、梳理以及依照风控大纲进行分析等。而在该过程中，如果能辅以人工智能及大数据等技术，那融资慢的部分问题，可能就有了解决思路。在银行风控部审核小微企业主信息时，需要借款人提供如身份证、户口本、营业执照等证件资料，除了这类基础信息，风控从业人员会对借款人的司法信息、借款主体公司的经营信息等，分别进行筛查。

在此过程中，大量的技术手段都可以被应用，此处仅做简单介绍。技术手段具体如何在业务中和业务人员起到协同作用、提高效能，在下面的章节中会结合具体业务分工，详细为各位介绍我们当前的尝试。

在证件审核人证核验的环节，图像识别（OCR）技术可以帮助实操工作人员处理非结构化数据，人脸识别可以识别、验证客户身份信息。知识图谱技术可以为审核人员完成智能化搜索，构建可视化图表信息。利用大数据挖掘功能，配合机器学习、深度学习等数据算法，可以查找借款人司法及经营信息，为客户评估提供数据智能匹配支持。还可以创造一个 RPA①，进一步解决手工操作的自动化难题，减少手动输入可能造成的人工错误，同时提升流程自动化，而且 RPA 还能为大数据自动化抓取提供更加便捷的分析技术。通过对所有客户信息的归纳整理，人工智能还能自动生成相对基准的用户画像，为业务拓展和客户维护打下坚实的基础。

金融科技（Fintech）和数据分析都是近几年的资本风口。在科技赋能下，金融解决方案不断推陈出新，开放银行、无人银行、数字资产证券化、不良资产处置、消费金融、智能客服等业务逐步由概念变为现实。这些金融解决方案在大规模的资金致力于解决“三融”问题的前提下，已纷纷成为现实并已经应用到大部分金融机构

① RPA，Robotic Process Automation，即流程自动化机器人，是一种应用程序，通过模仿最终用户在电脑上的手动操作方式，提供另一种方式来使最终用户手动操作流程自动化。

的小微企业贷款业务中，解决了相当一部分难题。一些金融机构甚至宣称自己的信贷系统已经和地方房管局系统打通，就连需要抵押物的贷款产品在抵押环节都可以完全实现线上化。

在一次小微企业的闭门会中，某全国性质的股份制商业银行总行风控部负责人表示："普惠领域小微企业贷款业务要想做到像消费贷那样快速便捷全线上化，依靠当下的信用环境和金融技术，根本不可能。"我十分同意此观点。有两个业内知名的案例，可以充分证实上述观点的正确性：

一是2018年华东地区某商业银行依托于该省政务网与该市不动产登记中心、房管局等部门实现数据共享，就不动产登记业务打造一站式受理平台，成为首批不动产登记全流程线上化办理的试点银行。后来抵押登记注销业务也在该平台试点运行，客户贷款结清后，无须到贷款银行网点领取他项权证再到不动产登记中心办理抵押注销，只需要在该银行的"一窗受理"平台办理抵押注销业务即可。听起来好像全流程实现了线上化，但是由于抵押合同需要到当地公证处进行实地公证，而办理公证业务是必须借款人本人亲自到公证处办理的，并没有做到全流程线上化。

二是中原地区某商业银行的抵押贷款产品，据该银行公开信息，该产品最快8小时完成放款，但我曾与该银行某在职人员进行沟通交流，该抵押贷款产品可以大大缩短审批时长，是因为银行在产权交易大厅和公证处都设置了代办点，但借款客户同样必须本人亲自到场，无法做到全流程线上化。

我认为小微企业抵押贷款产品与某些信贷类产品是不能同日而语的，在额度方面，就有着巨大的差异。小微企业抵押贷的线上化布局想要达到当下网络信贷平台的消费贷相同的程度，已经不是科技水平发展到何种水平能够解决的问题了，这需要完善国家信用制度，提升国民综合信用认知等。这条发展的路，漫漫而修远兮。但我们也不必过度担忧，时间倒退回二十年前，谁又能想到借助科技的力量，信用贷就能实现如今这般全线上化操作流程呢？我们要相信，随着科技的进步、国民综合素质的普遍提升，通过线上化科技手段，小微企业通过抵押贷款的资金需求是会逐步被满足的，整体线上化的工作效率也会逐步提升。

案例解析

2015 年年末，作为平安集团“金融+科技”双驱动战略的重要承载者——金融科技公司金融壹账通正式成立，自此拉开了商业银行拥抱金融科技的序幕。2018 年 4 月，首家国有大型商业银行的金融科技公司“建信金融科技”成立。各大行陆续成立金融科技公司，将其作为未来发展的战略重点。这是金融与科技有效结合、相互促进，并逐步影响金融市场资源供给方式与金融机构经营管理逻辑的真实写照。

从技术角度来看，大数据、云计算、人工智能（AI）、5G 等技术的成熟与普及，成了金融科技发展过程中基础设施般地位的存在，而知识图谱、区块链、生物识别、NLP①、RPA 等技术的场景应用，也让越来越多的金融科技公司得以生存与发展。按照金融稳定委员会（FSB）对金融科技的定义：金融科技是以一系列新兴科技为技术驱动，包含金融产品及应用、金融服

① NLP，Natural Language Processing，即自然语言处理，是研究人与计算机交互的语言问题的一门学科。

务、金融业务模式等方面的金融创新，且对金融市场、金融机构以及金融供给方式产生实质性的影响，同时提高了金融服务效率提升的范式与结构全面革新，有助于促使新兴信息技术与金融业的深度融合。

金融科技的主要意义在于提升金融市场中资源配置与内部资源调配的效率，扩大业务的边际效益与技术的溢出效应，降低资金配置过程中的低效问题。同时对于个体金融机构而言，有效运用金融科技有助于沉淀数据，形成无形资产，增强在同类型业务竞争中的优势水平，扩大业务的规模及范围，有效、量化地管理风险。

从金融场景角度看，金融机构无论从内部研发、投资并购还是外部合作方面，都展现出了前所未有的开放态度，招商银行行长田惠宇曾表示："科技将作为招商银行未来变革的重中之重，每一项业务、流程、管理都要以金融科技的手段再造。"如今，"招商银行"和"掌上生活"两大 APP 的月活跃用户已然破亿，成为招商银行客户运营重要的操作抓手。从顶层用户交互到底层运营管理，金融科技层层渗透，已经与各层面场景完成磨合，并演变发展成为独立的纵向专业领域。以云计算、云存储为技术核心的银行云逐步发力，支撑全业务流程场景下的发展；以大数据、机器学习、知识图谱为技术核心的智能营销、智能风控、智能审计大大降低业务支撑成本，提高业务触达能力和安全合规水平；以大数据、自然语言处理、机器学习为技术核心的智能投顾、智能投研有效地将客户需求分层、按需处理，扩大人的价值发挥并正向提升业务竞争力。

凡是过往，皆为序章。当下技术和金融因其天然的融合性已然成为一种共生关系，金融科技的创新应用也逐步改变了我们每个人的生活。金融科技在普惠金融方面的成就尤为凸显，而小微企业作为构成国家经济命脉的关键群体，也成为最大的金融科技发展中的最大受益者之一。

在此我们仅针对小微企业贷款中的一类场景——小微企业抵押贷款为核心展开讨论，观察金融科技如何提高小微企业抵押贷款使用场景下全要素生产率，提高市场中资源配置的效率。同时我们可以发现，金融科技的发展极有可能形成寡头市场，这可能将降低金融市场的自由化和市场化程度，尤其对于中小型机构而言，其因资金获取能力、技术研发能力及组织管理水平的限制，似乎很难搭乘技术的列车，更甚者有被市场淘汰之倾向。要回答这些问题，我们可能还需要从宏观视角切换到微观视角，洞察对于个体而言，如何提升组织数字化水平，增强金融科技工具的运用，最大限度发挥效能，获取收益。

要了解企业生产率，就要掌握全要素的概念，那么何为全要素生产率？全要素生产率指在企业经营过程中，作为独立个体内部各类要素的综合生产率。更微观地讲，全要素生产率包含企业对新技术的运用、管理模式的改进、产品水平的提高、企业结构升级等诸多方面。回到小微企业抵押贷款这一类产品应用场景，对于传统金融机构而言则可对应企业文化、管理模式、团队管理、技术运用、产品管理、流程管控六大方面。每个单独维度的优化都将有效提升全要素生产率，且各维度之间又存在着彼此影响的联动关系。因此在看待单一维度问题时，要注意其实我们在谈一个整体，不能割裂分析。下文就对这六大要素进行逐一定义和解释，也对其产生的作用做进一步说明。

1. 企业文化

企业文化建设被称之为企业的顶层设计，它将会影响组织内成员的思维方式和工作模式，然而大多数情况下，企业文化纲领在企业文化手册上所写的与真实存在的往往差异很大。小微企业抵押贷款的使用场景对金融科技的需求非常大，这就需要机构个体从战略和文化层面予以重视。我们观察到，如今在谈小微企业抵押贷款的使用场景时，如果脱离了金融科技的使用，往往无法形成整个业务的闭环。

企业文化充分拥抱金融科技基因可从三个方面着力：一是构建科技文化氛围，这不仅仅体现在专题培训、企业文化宣传等，更应该从制度上予以改变，将传统的企业内部运转机制升级为敏捷组织；二是成立数字化转型文化建设小组，充分调研市场最新技术应用与同业科技工具使用情况，结合自身业务及监管特点，本地化实施水土相符的科技转型路线；三是在文化建设过程中重视量化管理与数字反馈，从顶层设计层面逐步影响整个组织的数字化、科技化意识。

2. 管理模式

从小微企业抵押贷款的产品使用场景下，金融科技运用对自身业务有良好促进作用的组织实践案例来看，管理模式的优化是组织转型的重要抓手之一。在组织管理层面，一是要将组织能力模块化，将部分通用型岗位集成，构建企业能力中枢，有效提高企业人效，降低业务支撑成本。二是实现组织的敏捷转型，根据业务条线构建敏捷团队，以业务为导向组建业务团队，而不是以工作职能为标准进行划分，这将在业务开展过程中产生部门协作相关的问题，而业务的开展效率在当下其实是至关重要的，通过构建敏捷组织，可大大提升业务团队一体性。三是成立专门的数据部门，在充分研究市场及科技水平的前提下，指标量化观察和管理企业运行状态。

3. 团队管理

团队管理是组织管理的基础，构建数字化人才梯队，将科技意识融入团队招育留存全环节，根据不同岗位规划人才发展路径，并将人才发展路径与组织发展路径有机结合。传统的绩效考评制度在瞬息万变的市场竞争环境下将有可能阻塞业务的高效推进，所以要升级绩效考评制度，以业务效率指标为核心推动各项业务，以金融科技运用理解程度为标准，构建新型团队考核体系。同时组织也应建设数字化能力培训体系，紧跟技术变革，拥抱变化，提升敏捷型业务团队的市场化竞争效率。

4. 技术运用

新技术的应用和组织敏捷化在传统机构中推动起来往往阻力很大，原因在于这将有效压缩人力资源，提升人效。典型场景体现在营销、风控和业务内外部支撑三个层面。营销领域，以大数据、人工智能为技术核心的智能营销减少了传统的前台服务人员数量，将原有团队精简成为专注解决个性化问题和高转化客户的专家团队，从数字指标层面看，人力成本的大幅降低对应着有效客户转化率的提升。风控和业务内外部支撑层面，以大数据、知识图谱、区块链为技术核心的智能风控将一定程度摆脱业务对人的经验部分的依赖。市场和社会在急剧变幻，旧的经验不一定能应对新的情况，海量数据为风控环节提供了良好的参考，让经验不足的伙伴通过有效训练也能快速上手业务，让经验丰富的风控老手强化效率，提升了组织风控管理水平。

RPA 的运用减少了机械重复工种，并借助于自动化作业机器人、自动化流程提升团队个体、业务反馈的效率，而通过构建数字化组织，组织可以借助于金融科技公司解决业务开展的部分环节，精简团队，构建战斗力十足的敏捷业务团队。

5. 产品管理

产品矩阵的构建在传统模式下往往非常困难，原因在于市场了解度不够、产品矩阵构建难度大、产品矩阵优化没有抓手。利用金融科技将业务数字化，同时沉淀自身业务数据可解决上述问题，借助于大数据可以有效观察市场，了解市场需求，根据市场上同业情况制定自身产品，并逐步形成产品矩阵，更广地触达不同类型客户。而矩阵的优化往往关系到产品矩阵的长久运营与有效，将每个产品透过数字化系统推进，有效观察产品实施全业务链条各环节的转化效率，并根据产品设计时的预期指标和市场情况理性分析，优化产品。提升企业数字化程度，有效运用金融科技，向金融科技方向转型，放在业务运营的微观角度看，是再合理不过的选择了。

6. 流程管控

流程管控是各行业的永久话题，在小微企业抵押贷款的使用场景中，效率更是尤为重要的。有效提升流程效率，增强流程控制能力，可以提升企业竞争力，降低员工道德风险。以客户为中心，将客户服务全生命周期可视化，将部门业务操作线上化，并将客户的结构化数据利用知识图谱等工具进行建模，抽象模型指标，观察在不同产品之间、不同团队之间、不同区域之间的运行健康程度，快速捕捉业流程薄弱点，有效提升市场反馈效率。

全要素生产率是经济增长的根本和重要来源，有效提升全要素生产率是金融科技一直追寻的目标。在当前金融供给侧结构性改革和经济高质量发展背景下，组织运用金融科技工具并将其融入文化已势在必行，全要素生产率的提高体现在业务状况上，最明显的便在于规模和范围，增强用户感受，让服务更加普及。

金融科技的运用可以有效配合业务开展，融合在企业营销、运营、管理、复盘、产品的方方面面。从业务角度量化来看，有效运用金融科技工具可以扩大业务的规模及范围，更广阔地触达客户，更细致地服务客户，更有效地优化流程，更精准地优化产品。

在获客营销环节，我们一直在谈如何整合渠道资源，如何增加有效客户的触达数量。通过建立营销前台，就能很大程度上提升有效客户的获取和留存问题。在房屋抵押贷款市场中，客户触达一般通过官方咨询通道、专业金融中介机构的销售团队、自由经纪人、渠道广告投放这四类方式。但是最终进入客户服务阶段后，很多信息就会失真，所以营销前台系统的搭建不仅解决了这一问题，还可以提升点对点的沟通效率、增强客户管理能力、提升结构化信息获取能力。

将营销前台系统与官方咨询渠道打通，建立官方一体化营销网络，辅助以 AI 机器人、RPA 等技术手段，可在业务最早期优化客户质量，留存结构化数据，提高服务效率与效能，减少人力成本的投入。营销前台系统下的金融中介服务系统与自由经纪人系统从两种模式优化渠道管理水平，提高渠道整合能力，将房产数据库等业务辅助工具开放，可视化客户生命周期，共享客户追踪路径，可以避免市场的无序恶性竞争，提升整个市场的运转效率，促进用户感受，减少用户无效打扰的问题。

各类广告渠道的管理目前基本上都是“拍脑袋”做预算，凭感觉盲目投放，最终以广告无效为结论收场，原因在于在广告投放环节，金融机构仍停留在传统广告模式阶段。运用新型媒体主并结合营销前台系统量化管理，新型媒体主可根据广告主需求，从海量客户中匹配最佳用户画像，并精准投放。例如电梯广告这一环节，媒体主通过线下广告屏所在位置及周边人群的画像，为广告主提供量化投放的选择，这将大大提高广告渠道的产出比，而营销前台系统也可可视化观察广告投放数据指标，比较各类产品与渠道的契合程度，选择最优方案精准营销。

在客户服务环节，客户运营的基础是了解客户，在系统层面则是更全面的结构化数据对客户的描述，这不仅仅体现在客户描述数据与产品大纲的匹配上，更在于与客户周边数据，例如客户来源、客户关联人的情况、客户流转历史等。传统模式下，我们与客户的沟通有一部分是重复无效的沟通，一方面是信息抓取遗失，另一方面是信息传导失真。

面对这些问题，客户运营管理系统的重要性就尤为凸显。以客户为信息核心构建结构化信息树，并建立客户运营时间轴，从信息构建收集和客户运营两个层次支撑，对信息权限分组分层次处理。有效运用每个数据，避免在用户服务周期内反复打扰，运营时间轴的存在让客户路径自此清晰起来。个体的精细化服务汇总到群体之上，就能发挥数据更大的价值。数据分析师通过数据分析系统对客户偏好、行为、风险进行量化分析，得出用于业务指导的模型，而这一切都源于客户服务生命周期最初的那一环节。

对于业务流程来讲，不同组织、不同产品、不同区域，流程的差异化往往很大，那么如何构建通用型业务流程是平摊技术成本的关键所在。我们可以在底层数据层面，将客户结构化数据树与业务流程相分离，通过打造业务流程的各个条线，将业务流程作为客户结构化数据数的一种状态予以体现。那么在客户的全生命周期服务过程当中，客户参与不同的业务，仅仅是客户当前业务阶段的状态体现，并不实际融合到某一产品某一业务流程当中。换句话讲，客户结构化数据树、业务流程、产品规则、服务信息等都是相互独立的存在，但是归根结底，所有数据的核心都是客户。

如果说客户是业务的中心，那么产品就是业务的基础。在当下普惠金融市场越来越火热的情况下，产品的竞争将影响业务的实际开展情况。市场瞬息万变，产品如果无法根据市场情况快速迭代，就会失去竞争力。而产品矩阵的打造，也必然需要更加精细化的管理水平，这离不开业务营销系统收集的数据。客户服务的全流程，通过对所收集的数据抽象建模，可以实时感知市场变化，根据市场及监管要求敏捷运营产品，并透过营销系统一键发送，零秒触达四大获客途径，让营销变成一个有机的整体，透过精细化管理手段进一步扩大市场竞争力。

从客户获取到客户运营，从流程管控到产品迭代，科技工具的注入让业务开展如虎添翼，这不仅增加了业务的触手，而且提升了触手的信息获取与释放的能力，业务运营中枢也因为技术的赋能而变得量化精准。可以说技术优化了业务开展的各个环节，扩大了业务的规模和范围，发挥边际效应，降本提效，在市场化竞争的时代中提升了企业核心竞争力。

综上，传统金融机构想要适应本轮创新型改革，金融科技的互联网式思维就应该融入机构的全要素生产中。回想 2017 年我们自主研发的资产管理系统首次与某地方资产管理公司业务管理系统打通作业时，我们就提出要从企业文化、管理模式、团队管理、技术运用、产品管理、流程管控等多方面共同出发，形成协同效应。该公司参考我们的建议，从 2018 年就开始了战略性改革，截至 2020 年年底，数据显示，该资产管理公司的管理规模呈现 200% 的正向增长，盈利能力也迅速提升，由 2017 年年底依靠集团输血到 2020 年全年自主盈利超千万元。有该公司的可喜成绩作为鼓励，我们更会坚定自己的步伐，继续向着深化金融科技改革更优更强的方向迈进。

第二章

风控合规与运营管理

随着中国经济的持续发展和金融体制的不断深化改革，金融行业的格局已然发生了巨大的变化。自 2008 年国际金融危机后，在国际环境和国内各种因素的综合作用下，我国金融业在国际舞台上逐步发挥其重要作用，国际金融体系内话语权及市场地位大幅提升。在经济发展进入新常态的战略指导方针下，我国金融行业的发展道路也正在迈向新征程。为进一步优化升级行业竞争水平，提升现代化治理能力，就要解决诸多关键性问题。在保证金融行业跟随政策号召，注重非系统性风险防范的基础上，要完成自身传统经营理念紧跟时代潮流的转变，应着重打造差异化特色化发展策略，不断助力实体行业优化金融结构从而持续提升全产业链条创造力。

金融机构在应对市场化发展的道路上，也会遇到诸多困难。获客成本高、同质化严重、产品低效竞争是发展过程中的突出问题。随着人口红利下降及居民生活水平的不断提高，人力成本在逐步上升，传统金融行业本就是资本及人力密集型行业，对于人力依赖程度高是传统行业的普遍现象，这就需要运转模式逐步转型以及实操规则全面升级。

近年来，利率市场化进程不断推进，金融机构间竞争逐渐加剧。尽管部分企业已经做了很多有意义的探索，但由于金融机构在客户基础、业务结构、产品格局及收入组合等诸多方面存在着天然的趋同性，所以整体的发展态势在差异化方面并不明显。业务模式趋同造成产品服务同质化，产品的同质必然导致行业内的过度竞争和无序竞争，不利于提升金融服务的专业化水平。随着我国经济总量的逐步扩大，经济增长速度逐步放缓，传统金融行业为应对产业化结构升级的外部环境，提升内在价值便成了其应对新时代需求的转型路径。在这一过程中，金融科技的应用已经成为跟随趋势的关键环节。

在国家双创战略方针指导下，我国金融行业科技化水平迎来了前所未有的爆发式提升。金融领域的技术化发展伴随着信息技术对于产业整体效率的提升，无论是自动化和信息化还是以工业 4.0 时代为代表的产业信息技术的普及，都使得信息数字化科技应用愈发广泛。由于科技的发展，信用纸质货币逐渐变为信用电子货币，以电子支付为交易手段和交易形式的金融市场，其资金的制造成本降低，但流动性与便携性逐步提高。以招商银行网上银行为例，该服务平台极大地提升了广大用户的办事效率。成百上千的电子商务类撮合平台，突破了传统金融交易市场的时间限制，打破了交易对手之间的信用顾虑，平台化作业使得供需链条不必再受制于具体地点，整体的交易过程完全能够跨空间进行。金融监管信息化系统的建立提高了监管效率，增强了监管部门对于市场的把控能力。科技进步和应用创新对于金融行业的发展都起到了巨大的作用。但在金融风险信息把控及运营管理提效上，科技的创新仍有极大的发挥空间。金融机构一旦脱离了领先科技应用带来的模式变化和效率，过分强调形式创新和利益驱动可能会出现金融套利行为。忽略风险的所谓套利创新，虽然在短期内可能使金融机构赢利，但从长期看很可能会对实体经济和金融市场的发展产生不利影响，甚至出现误区，因此以领先技术为支撑点的创新才能成为金融机构价值经营的突破口。

根据国际金融稳定委员会的定义，金融科技是指技术带来的金融创新，能创造新的业务模式、应用、流程或产品，从而对金融市场、金融机构或金融服务的提供方式造成重大影响。如前所述，随着各项创新技术的蓬勃发展，金融机构未来将持续拥抱金融科技带来的机遇。但需要注意的是，尽管金融机构会因金融科技而产生变革，但所面临的七大传统金融风险：信用风险、市场风险、流动性风险、操作/科技风险、法律合规风险、声誉风险和系统性风险，并未改变。而且，在新的技术环境下，这些风险可能以更具隐蔽性、波动性和挑战性的形式展现。因此，商业银行需要充分利用金融科技的支持，培养识别风险的洞察力，以及更为量化、智能化、主动型的风险管理能力，实现健康与可持续发展。

▷第一节　全流程分布式储存复盘

在我们为某股份制商业银行小微企业部提供战略规划的过程中，通过分析，我们发现其原有业务审批流程复杂且烦琐。例如，仅小微企业抵押贷款业务贷前审批环节细分流转岗位审批过程就要分为：初评、实勘尽职调查、风控审核、权证公证、主管审批、法务审批。由于各金融机构对该业务的审批流程略有不同，我们仅以服务业的金融机构为例，对梳理前的各个岗位职责及原有作业方式，做如下整理。在了解了传统流程后，后文再介绍各岗位做出的相应改变。

1. 初评

小微企业抵押贷以有抵押担保为前提，所以抵押物的价值认定就尤为重要。评估岗位是开展业务的起点，当客户经理递交房产评估的申请后，初评人员需要以网络大数据为基准查询房产价值，综合二手房在售情况、成交量、小区热度，所在区位地理位置，周边配套设施完善情况，司法拍卖平台同小区房源挂拍、流拍、成交数据等，全面评估抵押物在当前时期的价值，出具房产价值评估结果并及时反馈客户部。

初评专员工作职责叙述：

①根据抵押物资产信息，实施评估计划方案。

②参考产品大纲要求进行抵押物排查，不符合产品大纲要求的直接反馈给客户部。

③通过产品大纲审核的抵押物借助第三方房产评估系统进行初步估价。

④咨询房产中介详细了解同类房产成交情况及热度。

⑤通过司法拍卖平台查询同类房源成交情况及拍卖热度。

⑥监测二手房市场价格走势及市场供需走势。

⑦协助收集房地产市场信息，完成市场研究报告。

⑧关注获取抵押物所在地的房产政策。

⑨汇总月度评估数据进行月度汇报。

2. 实勘尽职调查

贷前进行实勘尽职调查（以下简称实勘尽调）的目的是真实、客观、全面地收集和整理借款人信息及抵押物信息，通过面谈、走访、问询、查询等多种方式直观发现可能影响贷款安全的风险因素，提出可行性意见及防控方法。实勘尽调要确保调查资料的真实性、有效性和完整性，为贷款业务审查、审批提供依据。每次全面、细致、深入、严谨、高质量、高要求的尽职调查工作是开展小微企业抵押贷的基本保障，贷前实勘尽调是风控体系中的重要屏障，它可以降低贷款人和借款人的信息差，减少贷款风险隐患。实勘尽调的质量，直接影响该笔贷款的风险程度。调查质量越高，该笔贷款发生风险的可能性就越低，反之则越高。贷前实勘尽调是贷款风险控制的第一道大门，因此必须要求贷前调查专员有扎实的风控知识作为支撑，做好贷款风险控制的“守门人”。在传统贷前审核的业务流程中，要怎样才能成为一名合格的“守门人”呢？一方面，贷前尽调专员需要有足够的实操经验作为基础，扎实的风控知识作为支撑，熟悉整个业务流程，对于信息相互核验有较强的敏感性，临场反应快。另一方面，贷前尽调专员在面谈时，要针对借款人的表达及时反问，提出更多的问题，善于学习，了解各个行业的经营业务，能跟借款人发生共鸣，挖掘更多有价值的信息。

贷前尽调专员工作职责叙述：

①针对贷款客户提供的抵押物信息进行实勘尽调。

②收集并核对贷款资料，保证资料的真实性、有效性和完整性。

③负责对实勘尽调过程中的合规性进行监督。

④核实房屋市场价和快速成交价，初步给出实勘评估价。

⑤观察房屋状况及判断经营情况，输出观点。

⑥根据所调查的情况按照规定的填写标准录入系统。

⑦严格按照公司的实勘标准执行，完成尽调工作。

⑧提出可行性意见及防控方法。

⑨收集市场上其他金融机构的产品信息并分析产品差异化优势。

3. 风控审核

风控审核是全流程风险管理的决策环节，是贷款业务执行实施的前提与依据、风控审核以实勘尽职调查收集的材料为基础，依据国家法律法规、行业政策和银行小微企业抵押贷款政策，按照规定的程序和方法，对贷款业务的合法性、合规性、安全性、收益性等方面进行综合审查，对贷款业务的风险进行分析判断，最后提出可行的风险控制方案和明确的审查结论。在传统业务中如何成为一名合格的风控人员？这就需要风控人员加强理论知识、国家政策、业务技能等方面的学习，还要熟悉公司的产品要求，能够以产品大纲为基础，对借款人司法风险、抵押物的产权及价值、公司经营状况、征信负债与还息记录等方面进行综合分析，并采取各种措施减少风险发生的可能性。

风控A、B岗职责叙述：

①根据公司制定的业务审核标准进行业务实操，确保风控措施执行到位。

②客观公正地核查借款人信息的完整性和合规性。

③查询借款人及企业涉诉信息。

④综合评估借款人风险信息，出具贷审报告。

⑤熟悉抵押物所在地房地产市场情况，并能独立进行房产评估。

⑥熟练使用各大房屋中介平台、司法拍卖等网站查询数据。

⑦了解房管局办理抵押、解押等手续的流程。

⑧协同其他岗位风险评估人员对案件进行各类欺诈调查。

4. 权证公证

权证公证的目的主要是使借贷关系具有三点基本法律效力：证据效力、强制执行效力、法律行为成立的要件效力。传统业务流程中，该岗位职员需要配合客户经理，协调公证时间，由于信息缺失问题，可能数次往返于客户与公证处之间，但为了充分隔离债务合同的潜在风险，必须安排专人负责此业务。

辅助权证公证专员的职责叙述：

①配合渠道公司，协调公证时间。

②配合制定相关合同。

③追踪公证进度。

④公证本书整理归档入库。

5. 主管审批

作为公司中级管理层，风控主管除了部门内部日常的管理工作外，对于风控审核结果也负有绝对的监督责任，需要对初评、实勘尽职调查、风控审核以及权证公证进度等工作进行全局把控。风控主管依靠数十年深耕行业的经验优势，是风控部门最坚实的审核后者。

风控主管职责叙述：

①负责制定和完善风险控制制度，包括风险审核、评估、监控、预警处理制度。

②负责对部门每一笔业务的风控情况进行检查与管理，监控各类业务风险的分析及防范措施的实施情况，并建立风险数据库和跟踪档案。

③负责参与风控贷款审批会，根据借款人具体情况提出风控建议。

④负责优化审批政策和流程。

⑤遇到特殊情况，协调评估、审批、贷后管理工作有序进行。

6. 法务审批

法务事业部作为独立于风控部门以外的审核部门，是从专业的法律视角独立审核业务风险。小微企业抵押贷款业务的法务审批岗位，对于从业人员要求极为严格，尤其是需要具备丰富的实操经验。法务岗从业人员不仅需要掌握大量业务相关司法判决案件作为判断的基础，还需要对于突发风险状况给出基于法律事实的专业建议。法务审批作为业务审批流程中最具解释权的环节，表达着法务审批的风控主张。

法务主管职责叙述：

①制定和完善公司风控法务相关的管理制度和内部工作流程。

②参与起草、审核风控业务中重要的规章制度。

③对案件或者纠纷处理中发现的法律风险进行分析评估，并制订防控方案。

④协助风控部梳理司法信息，分类整理解读法律风险。

⑤参加风控贷款审批会，提出风险点并输出法律意见。

上述工作职责只是简单列举了小微企业抵押贷款业务中常规工作的相关内容，可以看出，各岗位工作内容对从业者的经验要求都很高而且各环节之间的关联度十分紧密。

该金融机构也曾经两次尝试了科技系统的建设。第一次采用的是集中化模式，虽然能够提供较高的一致性，但是拓展性差，资源的协调程度也不灵活。第二次尝试了商用软件外包开发系统，虽有较高的系统安全性和可靠性，但开放性差，采购以及后期的维修成本非常高，开发敏捷性也难以满足互联网环境下的快速响应要求。为达到业务复盘有理可依，岗位职责有据可查，金融机构提出，本次业务系统的开发要基于分布式计算的区块链体系，采用去 IOE 的技术路线，在分布式处理、并行式处理、网格计算的云计算应用（系统风控原则如图 2.1 所示）方面进行技术突破。让每单业务的操作过程做到线上化留痕同时责任落实到个人，有效降低风险管理成本，并提升科技系统的安全性与扩展能力。

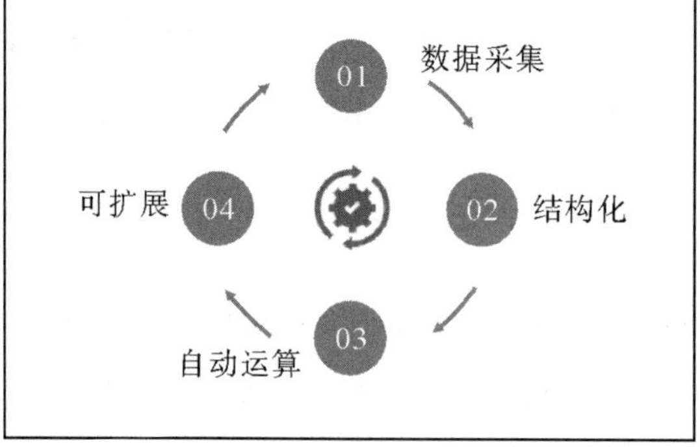

图 2.1　系统风控原则

以往的风控流程中，存在的最大的问题就是业务数据流程无法打通，风控审核只能通过文件传输的方式协同办公，缺少关联性，不仅难以避免文件损坏的情况，还会因人员流动引起企业核心数据流失问题。为了解决这一问题，我们的技术团队做出了不懈努力——将完全线下的业务迁移至系统上作业，风控审核人员不用每天整理撰写 Excel 表格和日报，重复机械性的工作，这些通过系统都了合适的解决方案。另外，系统可完美规避业务中的道德风险，各岗位间的数据通过权限进行分割，所有的交互与操作都有“操作日志”作为记录在系统中留痕，如业务出现事故可第一时间追溯到责任人。

在建设科技系统时，对风控结果起到关键参考作用的风控数据也十分重要。我们的技术团队独立打造了风控数据库，从数据生产端开始，利用 NLP、人工智能深度学习、大数据、云计算、RPA、知识图谱对风控数据进行精炼和提取，打造高度结构化、图谱化的风控模型，并拥有强大的扩展性，支持第三方工具的接入。通过人工智能的深度模拟特性，我们的系统可对 300 多个风险网站的数据进行高度解析过滤，智能挖掘数据池，大规模提取采集，风控审核人员无须复制客户信息到各风险网站查询，仅需在系统中一键聚合搜索，便可完成风险信息抓取。同时，智能机器人会对系统中存量客户风险情况及押品风险进行实时跟踪和监控，如有风险第一时间预警，免去风控人员多次风险复核的操作。下面通过案例具体介绍我们如何利用数据信息建成系统工具，在提升业务风控水平的同时为金融机构开源节流。

案例解析

系统自动启动三大风险预警机制

一、借款人有恶意转移财产行为

债务人：李某；债务人原配偶：赵某；债权人：王某。

2017年11月17日，李某与王某签订借款协议书，借款期限自2017年11月17日至2019年11月17日。李某未按约定期限还款，王某提起诉讼。2018年11月29日，李某与配偶赵某离婚，离婚协议约定：双方名下银行存款95万元及位于北京市某处的房屋、一辆品牌小轿车全部归女方赵某所有，男方债务与女方无关。本案中，李某在明知其对王某负担债务且已经出现逾期付款行为的情况下，仍将其几乎全部财产无偿转让给赵某，应当被推定为恶意转移财产。

判决结果：

2019年9月17日一审判决，2020年5月12日二审判决，均判决撤销95万元存款和房产、汽车的分配，恢复至离婚协议签署前的权利状态。

《中华人民共和国合同法》① 第七十四条规定：因债务人放弃其到期债权或者无偿转让财产，对债权人造成损害的，债权人可以请求人民法院撤销债务人的行为。债务人以明显不合理的低价转让财产，对债权人造成损害，并且受让人知道该情形的，债权人也可以请求人民法院撤销债务人的行为。

---

① 《中华人民共和国民法典》2021年1月1日起施行时，《中华人民共和国合同法》即废止。案例判决时，《中华人民共和国合同法》仍生效中。

系统工具报警机制：通过学习大量的输入案例，系统会根据贷前实勘尽调人员按标准字段输入的资料内容，对重点字段提出追加问题。例如，遇到近期离婚的借款人，且离婚协议中资产全部分割给予另外一方的情况，系统会提出预警“借款人需追加前夫或前妻的身份证明文件”。实勘人员输入身份信息后，系统会利用身份信息自动查询其前夫或前妻是否存在涉诉风险，分析是否存在恶意转移资产、躲避债权追偿的行为，如有此类行为，系统会在实勘人员的操作界面跳出弹窗进行警告。当实勘人员表示充分了解相关信息后，才可关闭弹窗，根据实际情况选择是否继续进行后续的面审工作。

二、借款人涉及刑事案件

借款人：张某，39 岁；配偶：纪某。

2020 年 5 月，张某申请贷款，以其名下位于北京市通州区的一处房产做抵押担保。审批组在系统中输入借款人夫妻双方身份信息后，系统显示配偶纪某有不良记录。2020 年 1 月 13 日，北京市通州区人民检察院提起公诉。起诉书指控，2019 年 8 月 18 日—8 月 25 日，在北京市通州区被告人纪某家中，被告人闫某利用其获得的账号和密码登录赌博网站，组织崔某、李某、纪某等多人以“百家乐”的方式进行网络赌博，闫某从中抽取提点获利。经查，涉及赌资达 29 万余元。被告人纪某明知被告人闫某进行网络赌博活动，仍为其提供场地、无线网等直接帮助。

判决结果：被告人纪某犯赌博罪，判处有期徒刑八个月，并处罚金人民币五千元。刑期从判决定执行之日起计算。判决执行以前先行羁押的，羁押一日折抵刑期一日，即自 2019 年 8

月25日起至2020年4月24日止。罚金于本判决生效后30日内缴纳。

《中华人民共和国刑法》第三百零三条规定：以营利为目的聚众赌博或者以赌博为业的，处三年以下有期徒刑、拘役或者管制，并处罚金。开设赌场的，处三年以下有期徒刑、拘役或者管制，并处罚金；情节严重的，处三年以上十年以下有期徒刑，并处罚金。

系统工具报警机制：司法、工商等第三方数据平台以API接口的形式接入系统，实现互通。前端预报单业务人员只需要输入预借款人与相关人的身份信息，系统就可以通过自动查询的方式，按已经设定好的模板将借款人及关联人涉及的工商信息和司法信息导入审批界面。当出现系统预设的风险点时，会直接提示审批人员的风审B岗进行复查，AB岗的两名审批人员需对该风险点分别发表审核意见，再进行该笔业务的后续工作。

三、借款人无还息能力

借款人：宋某一，24岁，儿子；抵押物产权人：宋某二，65岁，父亲。

2020年12月，宋某一申请贷款，宋某二以名下位于北京朝阳区的某处房产做抵押担保，借款的主要用途是宋某一名下餐馆的运营投入。宋某一自2019年3月份开始和四个朋友合伙经营小龙虾烧烤店，地点在北京市朝阳区望京附近。在烧烤店投资中，借款人总计投入30万元，每个月可以分红1万元，在2020年年初撤出本金30万后元已经退出。由于在前期经营中看到了利润，借款人便认为自己有独立运营的经营能力，此次借款主要和朋友再开一个饭店，打算还在望京附近开店，正在找店铺中。预计租赁200平方米左右的店铺，年租金预计80万元左右，装修预计投入30万元，设备预计投入20万元左右，预计合计投入300万元，个人占比50%。宋某二处于退休状态，退休工资4 000元/月。实勘人员尽职调查过程中发现宋某二眼睛有黄斑看不清，且该抵押物为二人唯一住房。

系统工具报警机制：在实勘人员的面审系统中会出现如下字段：是否为唯一住房、借款人/抵押人/关联人是否患有疾病、抵押物中是否大量出现治疗某类疾病的药物、借款人是否真实经营及经营状态如何、第二还款来源是否能覆盖每月本息和，等等近三百个风控字段，在后端代码中会对输入的信息内容进行识别，当出现风险信息，系统都会着重标记及提醒。

▷第二节　信息流及业务流的可靠追踪

传统抵押贷款业务的六项审批流程，可以归纳总结成以下五个模块的筛查审核：抵押物评估、实勘尽调、风控审核、权证公证、司法审核。过程中信息流和业务流的追踪管理主要是通过单据、票证、抵押登记权证等进行，不但传递效率低、验证成本高，而且难以有效杜绝风险控制隐患。区块链分布式管理有效应用于金融风险控制的关键在于实现业务流、信息流、资金流的可靠管理，在物联网大力发展的大环境下，将业务人员操作记录纳入智能化业务体系，有助于金融机构完成高效率低风险的升华。下面就详细介绍各个流程中，业务人员如何操作系统。

1. 抵押物评估

第一步，在业务系统中，自动填写抵押物地址，查询房产是否存在负面信息。由于系统聚合了搜索平台的开源数据，在系统搜索框中输入与房本相同的房屋地址，会匹配抵押物相关信息，如出现负面信息，例如凶宅、法拍记录等，系统会着重标记（如图 2. 2 所示）。

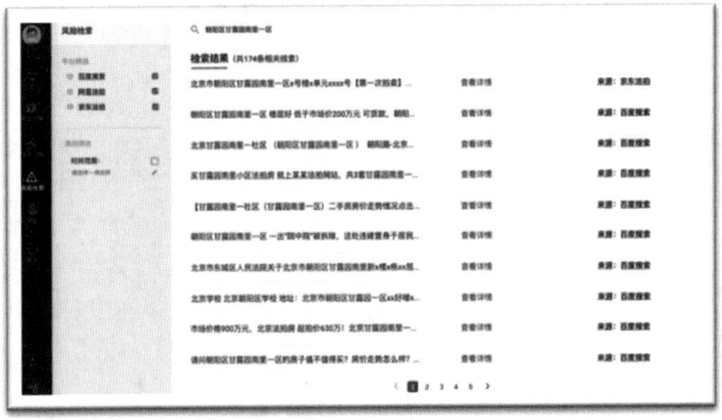

图 2.2　风险线索界面展示

第二步，在系统的房产地图（系统对比地址界面见图 2.3）中输入房本地址进行搜索，标记抵押物地址，通过系统自动对比，杜绝人工输入错误。

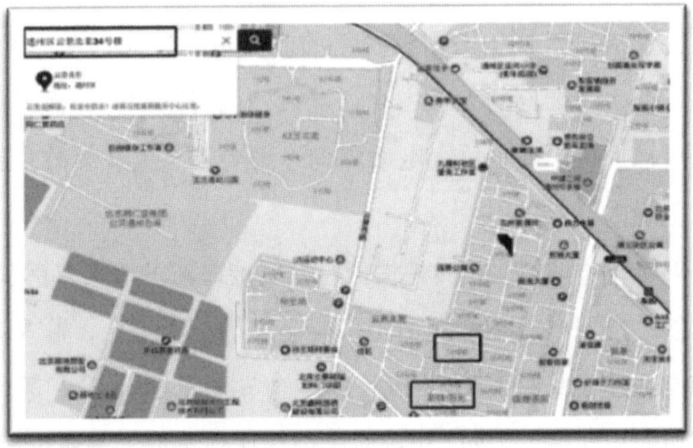

图 2.3　系统对比地址界面展示

第三步，打开评估系统（系统估值界面见图 2.4），在系统内输入房屋地址和房本面积，查询估值。

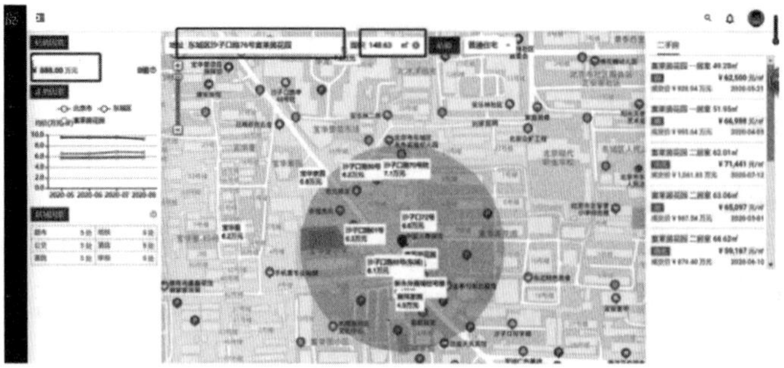

图 2.4　系统估值界面展示

第四步，接通 API 接口的多个房产中介网站，匹配二手房在售数据及成交数据。以贝壳网为例：连通贝壳网楼盘字典，在业务系统中搜索小区名称，自动对接小区在售房源。参考同户型或同面积房源在售及成交价格，采用近两年的成交数据。如近两年无成交，则需要根据系统推荐的人工中介，电话咨询房屋中介，根据非系统内数据对抵押物价值报价，电话咨询过程要重点关注房龄是否在产品手册范围内。

第五步，查询司法拍卖评估价，系统接通阿里拍卖、京东拍卖、人民法院诉讼资产网、中国拍卖行业协会等拍卖平台，输入截止到楼号前的房屋地址即可（法拍数据整合界面见图 2.5）。采用近两年，相似面积误差在 $10m^2$ 左右的法拍房评估价值，关注拍卖热度、参拍人数、折扣率，以此判断同类房源热度。

图 2.5　法拍数据整合界面展示

第六步，综合以上数据，根据系统预设的加权平均系数，自动得出抵押物评估价并进行登记。

案例解析

参照物选取错误，导致评估出现较大偏差

房屋地址：昌平区天通中苑 30 号；小区名称：天通中苑；面积：168.62m²。该小区在 2020 年成交活跃，面积约 168m² 的房产成交量为 4 套，但是评估时为 2019 年 11 月，当时没有可供参考的同面积房产，所以选择了一套 103.68m² 的房屋、一套 155.73m² 的房屋的作为参照物。选取的参照物评估价为 3.18 万元/m²，而实际待评估的房屋 2020 年成交均价为 4.28 万元/m²，单价相差 1.1 万元/m²，总价相差 185 万。由此可知，选取正确的参照物十分重要。

2. 实勘尽调

实地勘察的有效性要基于实操经验和专业认知，因此下面将先归纳一些一线实勘人员的经验总结。系统在实勘模块能起到加强风控时效性的作用，再借助业务人员的丰富经验，经过系统整理反馈，能提升整体业务流程的审核效率。

（1）现场实地勘察抵押物

确认抵押物位置，前往抵押物，确定小区名称、楼栋号、单元号、门牌号是否与房本一致。

（2）观察抵押物情况

查看抵押物户型、朝向、装修、室内家具、物品摆放及规整收纳情况，确认借款人生活品质和生活的状态。

（3）确认居住现状

①居民：确认居住人数、关系，确认是否有老人、小孩。

②如有老人居住，需观察老人身体状况是否健康，观察屋内是否有药物、轮椅等。如借款人自述没有老人居住，但实际可以看到有老人的衣物、轮椅、药物等，需跟借款人核实是否隐瞒了实际居住情况，再次确认抵押物实际居住人员。

③出租：确认出租方式、租金、租期。目前市场上有三种租赁方式。第一是业主直接出租给个人，第二是业主出租给房产中介，第三种是业主委托房产中介进行出租。

④空置：确认对抵押物的规划情况。

⑤其他：第三人借住或占用。

（4）室外照片收集

拍摄路标、小区大门、小区名称、小区环境、楼栋号、单元号、电梯、门牌号、电表。

（5）室内照片收集

拍摄客厅、卧室、厨房、卫生间、阳台、储物间、衣帽间等，重点观察生活用品是否有药物、轮椅、玩具、婴儿床，以等判断是否有老人或者小孩居住。

（6）基础资料收集

①身份证：需采集借款人及借款人配偶、抵押人及抵押人配偶、保证人及保证人配偶的身份证信息并拍摄照片，采集时查看是否为有效证件。

②户口本：采集借款人及借款人配偶、抵押人及抵押人配偶、保证人及保证人配偶的户口本照片，重点关注家庭成员、亲属关系、婚姻情况等。

③婚姻资料：采集借款人及借款人配偶、抵押人及抵押人配偶、保证人及保证人配偶的婚姻资料照片，其中包括结婚证、离婚证、离婚协议、离婚民事调解书（判决书）等，重点关注抵押物分配、补偿金等内容。

④房产证：采集房产证全页照片，其中包括首页、基础信息页、附记页、测绘页、登记表页，重点关注取得房本时间、房屋类型、抵押记录、建成年代等。

⑤购房合同：采集购房合同全页照片，包含内容有买卖双方信息、土地使用年限、房屋地址、购买金额、付款方式、购买时间等，确认与房本地址一致。

⑥契税票：采集契税票照片，重点关注缴税时间、缴税房屋地址，确认与房本地址一致。

⑦征信报告：采集借款人及借款人配偶、抵押人及抵押人配偶、保证人及保证人征信报告照片，重点关注工作单位、负债、征信逾

期记录等。

⑧个人收入流水：采集流水照片，重点关注户名、打印时间等。

⑨结案证明：采集结案证明照片，重点关注案号、法院、日期等。

⑩转账凭证：采集转账凭证照片，重点关注打款账户、收款账户、打款金额等，确认与执行案件信息一致。

⑪备用房：采集备用房照片，重点关注产权人与借款人关系，直接亲属房产可作为备用房。

⑫租赁合同：采集租赁合同照片，重点关注租赁方式、租金、租赁周期。

（7）签署文件

①到期放弃承租权声明：需租户签署，告知文件内容。

②第二居所声明：需抵押人签署，告知文件内容。

（8）视频录制

确认借款意愿、承诺借款用途（不得用于理财、借款与他人使用等高风险投资）、法律风险提示。

（9）面谈经营现状

通过与借款人交流，了解经营公司名称、组织架构、主营业务、年营业额、利润、此次资金规划、还款来源等。

（10）核实前贷信息

了解已有贷款的借贷银行或机构，以及借贷金额、期限、还款状态等信息。

（11）抵押物价值评估

对抵押物附近两家及以上房产中介进行实地走访，了解该小区关注度、成交情况、成交周期、同户型带看情况，以及中介对抵押物的报价及该小区同类房型的历史成交价，综合信息后评估抵押物价值。

（12）系统录入

录入分为六个板块：借款信息、借款人及关联人基础信息、经营信息、抵押房产信息、名下其他房产信息、实勘人员风控意见。

案例解析

系统的风控审核作用案例分析

借款人张三，女，户籍所在地为北京市房山区，年龄 35 岁，2020 年 12 月 15 日离异，2020 年 12 月 19 日购买本次用于抵押的房产，位于昌平区某小区，面积 90.18m^2，付款方式为一次性全款支付。根据借款人描述，房款中 120 万元是朋友借款，此次抵押贷借款金额 220 万元，借款期限 3 年，用于借款人名下公司扩大经营种植业，主要种植蘑菇。目前借款人已经租了 7 个大棚，占地面积 7 亩，年租金 8 万元/年，无长期劳动合同的雇佣关系，农忙时会雇佣村里人帮忙。蘑菇销售价格为 50 元一筐，年收入 200 万元左右。此次借款用于扩大规模，再承租 7 个大棚。以上为实勘人员通过与客户交流了解的基础信息。

当实勘人员将以上信息输入系统后，系统通过数据抓取进行匹配分析后，反馈了三个潜在风险，需要实勘人员与借款人沟通后，才能递交材料到后端进行风控审批：

第一，借款人是房山人，抵押物地址位于昌平，CRM 数据库数据显示此次抵押物交易的房产中介与之前抵押贷客户李四购买房产的中介为同一家机构，且销售人员姓名相同，两人购买房产时间相近，购买价格较市场价格均明显偏低，需询问原因。

第二，离婚时间与购房时间相近，需询问原因。

第三，根据借款人征信数据，借款人买房前资金流水总额很低，或不具备买房资质，需询问房产是否为代持。

实勘人员记录上述问题的借款人回复后，后端风控审批人员同步接到实勘资料及潜在风险问题回复。后端风控审批人员查询司法数据库得知借款人前夫涉刑，涉及聚众赌博罪，刑期结束，罚金5 000元，目前为失信被执行人，执行原因是罚金未缴纳，冻结账户，余额不足以偿还罚金。再查询借款人张三资金流水为日常消费卡，消费金额小，有网贷还息记录，无固定收入来源，不具备还息能力，此套房产实际持有人未知。

在上述案例中，通过数据关联分析、不同端口数据同频传输、司法数据联动查询等技术手段，升级了传统风控手段，提升了风控水平，多维度整合信息后可降低潜在风险。

3. 风控审核

风控审核（A岗）的职责主要有以下12条：

（1）对接实勘人员

审核实勘采集的资料，根据实勘专员回传系统的资料，按房产、基础信息、征信、房屋照片、个人或企业的司法风险等模块分别审核。

（2）查看实勘影像传输视频

观察借款人回答问题时的精神状态、回复问题的逻辑性及对设置问题回复的答案，形成借款人画像。

（3）查看房屋照片

结合房屋照片视频及实勘专员回传信息，分析居住状态、居住人数、房屋格局、房屋朝向等。

（4）审查身份证

与户口本、婚姻材料交叉核验是否一致；身份证有效期是否可以覆盖贷款期限，如无法覆盖，需在贷审表标注该问题。

（5）审查户口本

需关注落户地址、迁入时间、曾用名、职业、籍贯、户口所在地、婚姻状态、变更记录等交叉验证信息。如有曾用名需要标注，提供曾用名征信报告。婚姻变更多次需核对婚姻资料，是否提供完整，如不完整则需及时在系统内进行标注提醒，以便客户经理补充其他婚姻资料。

（6）审查婚姻材料

核实结婚时间、离婚时间、离婚协议签署时间、离婚协议中是否对房屋做明确分割、结（离）婚证基本信息是否有误、民事调解书是否为原件等。例如，未分割房屋需要标注产权不清晰，需提供析产公证，协议中体现需要支付前夫或前妻补偿金、房屋分割款等，需要标注提供支付转款完毕证明。

（7）审查房产证

审查房屋地址、登记日期（填发日期）、房产性质、房屋测绘时间（测绘页建成年代）、产权人、共有情况、附记页（抵押、解押记录）、结合购房合同、婚姻材料判断产权是否清晰，是否需增补析产公证等材料。

审查购房合同（原始购房合同/存量房买卖合同），例如查核购买时间、购买金额、是否有限制交易条款，并结合婚姻材料查看产权是否清晰。查核契税票，例如填发日期、缴税基数（原值）。审查是否为政策性住房，如房改房、央产房，需根据购房合同提供相应文件，如原单位放弃回购声明、央产房可上市（抵押）证明。审查是否为非买卖方式取得的房产，如继承、赠予取得的房产，需继承公证、赠予协议。必要时调取房屋交易全档。

（8）司法查询

个人司法查询。点击司法查询选项，逐一查询业务单内涉及的抵押人、借款人、保证人及其配偶的司法涉诉，如涉及民间借贷纠纷、刑事案件等不良信息系统会着重标注，此类案件涉事人员属于小微企业抵押贷禁入人群，系统会提示是否做拒单处理。对查询到的非不良信息进行解读并进行标注。

公司司法查询。点击工商信息查询选项，按审核人员作业习惯的模板，查询借款人关联的企业，关注借款人公司注册地、注册时间、注册资本（是否实缴）、经营状态、经营范围、缴纳社保人数、借款人是否占股、占股比例、担任职位、关联合作伙伴等。同时关注公司开庭公告、裁判文书、执行、失信、限制消费等，通过裁判文书部分可以反映出经营业务状态，是否因为经营异常导致的纠纷。常见纠纷有劳动仲裁、合同纠纷、借款合同纠纷。最后综合判断是否与实勘情况一致，对信息进行交叉验证，判断是否为真实经营、是否具有还息能力等。

（9）审查征信报告

①打印时间：征信报告更新数据周期一般为 1 月，确定是否为最新征信。

②基本信息：姓名（曾用名征信需同时提供）、身份证号、学历、婚姻状况等信息与现状交叉核验。

③居住信息：可反映名下财产状况。

④职业信息：根据信息更新时间、显示的公司职位等，与实勘了解到的客户职业信息进行交叉验证。

⑤贷款信息：关注贷款笔数、贷款授信、余额、月还款金额、申请借贷时间、还款记录以及借款性质，如抵押贷款、经营性贷款、信用贷等，初步判断资金紧张程度及还款能力。

⑥贷记卡信息：关注数量、授信总额、已使用额度、月均使用情况、还款记录是否良好（无逾期）、信用卡使用率等，如使用率较高，需重点关注原因。

⑦对外担保信息：确认担保金额、担保时间、与借款主体关系、还款状态等。

⑧住房公积金缴纳记录：关注参缴时间、缴纳记录、缴纳比例等，反馈工作单位是否与实勘面谈时表述信息是否一致、缴存比例可反馈合同薪资（佐证工资收入）等情况。

⑨征信查询记录：关注近半年贷款审批查询次数（担保资格查询等同于贷款审批查询），贷款审批次数越多反馈客户急迫度越高，需同时考虑其他银行未审批通过的原因。

⑩征信显示他人代偿：关注代偿的单位，一般为机构或者银行，代偿金额、代偿时间等，此类客户属于已有违约记录，属于禁入人群，此阶段可直接拒单。

（10）收入流水

分析每月收入、支出、转账明细、还款记录等，综合判断是否具备还息能力。

（11）房值复核

根据初评值、实勘店询值、法拍成交数据，综合房屋实际现状、房屋区位、交通、中介反馈的成交信息，出具复核值。房屋区位、交通图需截屏放入贷审表，需包含抵押物距离地铁距离、抵押物位置图，需包含环线、区域。

（12）填写贷审表

综合以上审查信息，包括基本资料、实勘反馈信息、经营现状、征信报告、司法风险、房值复核等信息完成贷审表填写。围绕房屋产权是否清晰、经营评价、借款用途、还款能力、司法风险、处置风险、房屋流动性来进行分析，生成增补资料清单并提交风控建议。

风控审核（B 岗）的职责主要有以下 4 条：

①贷审信息：查看 A 岗风控意见，核查司法、工商内容是否正常。

②司法风险：根据 A 岗提供的查询信息进行审查，并对有疑问的风险复查。

③房值评估：根据初评值、实勘店询值、A 岗复核值、法拍成交数据，综合房屋实际现状、房屋区位、交通、链家等中介平台的成交信息，出具房值评估终审值。

④提交贷款审核意见。

4. 权证公证

①预约公证：与金融中介公司对接，知晓客户公证时间，与公证员沟通确认，推进公证流程；前往公证处，公证时解读合同内容，告知法律后果，指导签署，完成公证事项。

②跟进核婚结果：接收公证处反馈结果，并转发至法务部。

③合同盖章：接收公证处邮寄公证版证书，盖合同章、法人名章；整理公证资料输入数据库。

5. 司法审核

①法律文件分析，对关联人进行分析：通过文书查询界面查询借款人及相关人员的司法信息，对裁判文书进行梳理，梳理人物关系、案件性质、案由、一审、二审、终审的时间节点，每次审理中的争议点，判决结果及支持的法律规定。

②分析案件目前的执行现状，包括但不限于失信、执行、限制消费、上曝光台等，综合客户情况，提出法律层面的意见，降低风险。

③分析工商信息：通过工商信息查询界面，查询公司工商基础信息、股权穿透、股份占比、入股时间、开庭公告（关注时间阶段）、裁判文书（案件性质、判决时间、人物关系、案由、一审、二审、终审的时间节点，每次审理中争议点，判决结果及支持的法律规定）、风险舆情等，进行梳理后提出法律层面的意见。

上述各模块叙述了系统接入后，各岗位人员作业方式的变化。相较于传统的风控手段，接入系统后增加了数据风控的屏障管理，解决了信息传输的时间滞后性。但此阶段由于很多技术尚不成熟，距离实现信息集合式的风控目标还有一段距离，我们正在逐步解决问题，争取早日接近目标。

第三节　业务流程高效审批

前两节重点介绍了风控部门各个岗位之间在传统风控方式和大数据风控方式下，其作业方式及风控手段有什么不同，接下来将重点介绍借助金融科技的力量后，业务审批流程有哪些区别。

在传统业务中，客户经理将客户姓名、房产证、房产地址及意向申请额度通过微信等社交平台发送给初评人员，初评人员将信息收集整理后，对房产信息进行估值。初评人员在多个第三方房屋估值平台进行查询，综合各个平台的出价，结合房屋周边情况，评估出房产价值，再乘以抵押折扣算出可申请贷款金额，将得出的金额发送给客户经理。同时初评人会员在法拍网等风险网站搜索房产地址，挖掘房产是否有潜在风险，在评估房产价值的同时也完成了对抵押物对第一道审核。从上述文字中可以看出，初评人员的主要工作就是复制“房产地址”在各个房屋估值网站及一些法拍网站进行搜索，都是重复、机械性的工作。线上系统完全可以替代初评人员完成该岗位的工作内容，渠道人员可直接扫描二维码，在移动端的小程序自助评估房值，预估可贷金额（图 2.6）。

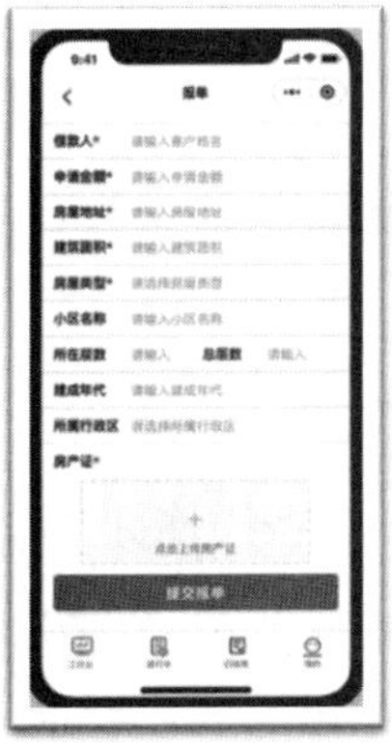

图 2.6　报单小程序界面展示

系统通过机器学习接入的多方权威房屋数据，以及数据库中通过云计算、知识图谱、人工智能等技术建设的估值模型，报单提交后，只需要 0.2 秒就可以评估出一个较为精准的房产价值（图 2.7）。同时房产数据库已经对房屋地址进行了上百个风险及法拍网站的风险挖掘，一旦发现风险直接主动拒单。智能机器人只用 0.2 秒的时间，就完成了原本初评人员 20 分钟的工作。

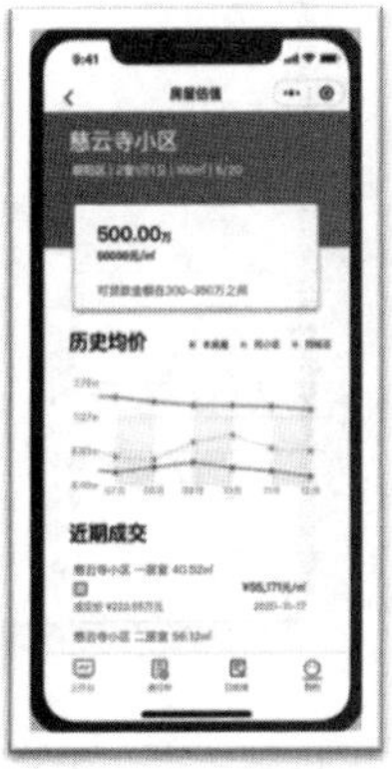

图 2.7　机器人智能估值界面展示

上文中介绍了实勘专员的主要工作就是与业务人员联系，按照约定时间前往抵押物地址，对人、房两个维度进行尽调与资料收集。这个阶段可以充分利用先进的科技工具，对实勘专员的工作方式进行深度的调整。

首先是对实勘任务的管理。在以往的业务场景中，实勘主管通过微信等方式将包含借款人姓名、抵押物地址、外勤时间的实勘任务分发给实勘专员，然后将任务记录以及后续填写的实勘尽调表存储在本地文档中。这样碎片化的数据管理存在诸多问题：①个人本地存储的使用与操作踪迹无法追溯，资料泄露风险高，且容易丢失；②从实勘主管和公司角度来说，管理难度大，且与企业档案的管理缺少关联性、完整性，文档数据资源跨部门利用难；③文档存量日趋庞大，类目层级多，文件可检索类型少，会造成寻找困难、操作不便等难题。在接入业务系统后，客户经理通过小程序报单，实勘主管在移动端 App 中完成任务的分配（图 2.8）。

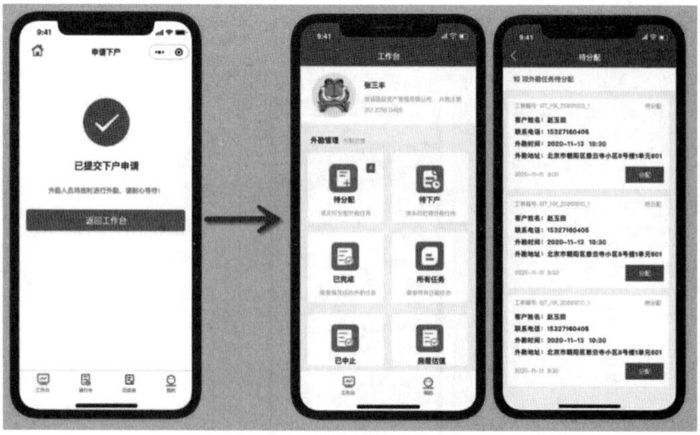

图 2.8　报单到实勘分配界面展示

之后，实勘主管还可对实勘流程进行可视化监控。实勘完成后任务将自动归档至企业任务池（图 2.9）。

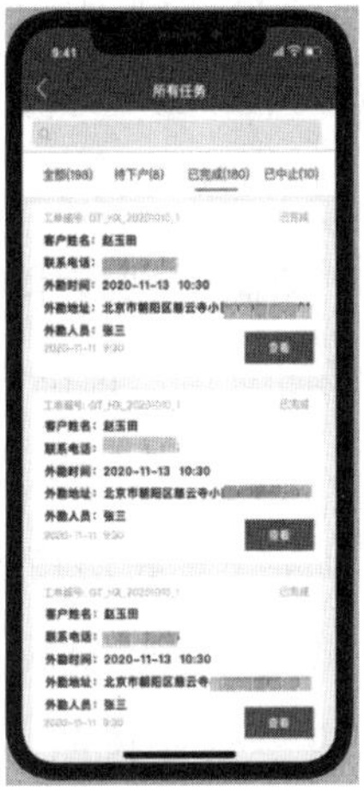

图 2.9 实勘任务管理界面展示

首先，线上系统节省了大量宝贵的时间，解决了企业中的信息孤岛、资源孤岛的问题，系统的协同性让各部门串联在了一起，信息不对称、资源无法共享、管理分散的问题都将彻底消除，解决了包含实勘、初评、风控及权证阶段的数据管理问题，不会再因人员流动使企业数据信息流失。

其次，线上系统解决的是实勘专员在实勘过程中最大的痛点：信息录入。OCR 文字识别与语音识别的应用，极大地解决了实勘专员进行大量信息录入时烦琐低效的痛点。

在公司实勘 1.0 阶段，实勘专员一边询问客户的基本情况、经营情况等信息，一边用手写的方式记录在纸质的表单之内，效率极低且存在纸质文件难以保存易模糊不清的问题。

之后进入实勘 2.0 阶段，此阶段实勘专员使用外勤 App 打字记录客户信息、拍摄房产资料，实现无纸化办公，纸质档案难以管理以及信息孤岛的问题得到了解决，但实勘2.0阶段仅仅解决了文件字迹易模糊不清的问题，但是低效烦琐的问题依然存在。以此问题作为产品设计和研发的切入点，最终我们进入了现在的实勘3.0阶段。

在实勘3.0阶段，OCR图文识别技术“大展身手”。例如，可支持房本识别，实勘专员仅需对房产证的首页、信息页、附记页拍几张照片，即可基于海量房屋挂牌及历史交易等行为数据，综合分析房产证的真伪，并且OCR能迅速将房产证编号、共有情况、房屋地址等复杂字段精准识别出来，并转换成文字，精准度达到99%。同理其他证件资料如结婚证、营业执照、征信报告等，都可通过OCR图文识别技术将照片转换成文字，无须重复手动录入。

我们的技术团队已打造出成熟的语音识别技术，语音识别准确率已到达实用标准，再利用智能机器人强大的语言模型能力，智能分析语境，智能判断断句、预测标点符号，并对语句中出现的数字、日期、时间等内容格式化处理，最终形成规范的文本。在实勘专员与借款人的尽调全过程中，智能机器人会进行录音记录，同时精准解析语音，在录制同时转换成文字记录在系统当中，用作后续风控的重要审核依据，图文识别技术与语音识别技术的应用极大程度上解决了实勘专员的痛点，实现了化繁为简的便捷实勘作业。

在传统业务场景中，法务审核人员需要负责两部分的工作内容：一部分是在风控审核阶段，对存在司法问题的客户进行审核；另一部分则是撰写相关的协议和函件。在线上系统的业务审批环节，法务人员无须再花费时间一份一份地去撰写协议文件，智能机器人通过抓取客户信息，利用ORC图文识别技术扫描合同信息，获取协议与函件中的关键字段，即可自动生成相关的协议与函件。经数万次的后台测试，文件生成器生成的文件准确度为100%。在线生成功能，可为每一笔贷款的风控周期减少约3个小时的时长。

我们的团队通过与该金融机构进行深度合作，分析了上百个真实审批案例，充分进行系统调试。整套业务系统使用了近两年时间，针对该金融机构的特殊性作业需求，后端技术团队进行了3次结构性调整，14次微创性调整。调取系统使用前后的数据资料进行BI分析，各项数据均有积极反馈。

着重对比调整前后风控部门审批时长和客户逾期还息的两项数据后，我们发现，使用传统风控手段的审批环节，审批流程平均时长为23个工作日；各部门熟练使用业务系统进行数据风控后，审批流程平均时长为12个工作日，单笔业务节省11个工作日。对使用系统的两年内贷款逾期还息数据进行对比，我们发现，传统风控方式下逾期比率为12.8%，而数据风控方式的逾期比率为7.2%，就逾期比例这一考核指标，下降了5.6%。下面的章节将着重介绍传统风控手段与数据风控手段的差别，但我们的系统还远不能满足当前的数据风控需求。在未来，人工智能风控才应该是发展方向，我们会朝着智能化方向继续探索。

第四节　信息集合式风险屏障

风控部是一家金融机构的核心部门，主要职责是进行风险防控，通过采取各种措施和方法，消灭或减少风险事故发生的可能性。金融机构风控模式的衍变可以分为三个阶段：传统风控模型—大数据风控模型—AI 智能风控模型。

第一种是传统风控模型。在传统风控模型下，银行等金融机构主要采用人工对信息进行审核，借助中国人民银行征信中心的个人或企业征信报告、信用评分卡和信审人员专业的从业经验，判定客户的信用情况；根据历史借贷数据和财务收支，来预测借款人的违约风险。这需要借款人提供大量的纸质增信材料，其中包含借款用途、资产来源、收入来源、婚姻情况、犯罪记录证明等，作为是否放款的重要依据，再采用叠加统计方法进行逐笔分析。

第二种是大数据风控模型。随着互联网科技与金融高度融合，互联网科技这种轻资产、重服务的网络模式正慢慢渗透到金融模型中，越来越多的金融科技公司利用自己的技术优势，帮助传统金融机构优化业务，辅助金融机构进行风控运营决策。在传统风控模型的基础上，依托互联网大数据，金融机构可以查询借款人的信用记录、信用评分、信用黑名单、执行记录、失信记录、老赖名单查询、网贷记录、逾期记录、欺诈风险等，可以查询借款企业的工商信息、股权结构、实际控制人、诉讼记录、执行记录、失信记录、关联风险、历史风险、工商罚款、敏感舆情等，采用人工信审+大数据模式，综合评判借款人是否符合放款条件，出具风险评估报告。

第三种是 AI 智能风控模型。智能风控侧重大数据、云计算、人工智能、机器学习、模型算法、技术算法和计算能力，通过科技赋能，强调数据间的关联。其在风控环节中的应用主要有以下三点：计算机视觉和生物特征的识别，即利用人脸识别、指纹识别、虹膜识别等活体识别来确认用户身份；反欺诈识别，智能风控利用多维度、多特征的数据预测用户的欺诈意愿和倾向；正常用户的还款意愿和还款能力的评估判断。对于消费、出行、社交、居住环境等用户行为数据，运用神经网络、决策树、梯度算法等先进的机器学习算法进行加工处理。

普惠金融的重点服务对象是小微企业，主要运用的还是大数据风控模型，因小微企业抵押贷是以房屋抵押贷款为主，特点是有抵押物、贷款额度高、涉及信息种类多、关联度高。这需要信审人员具备丰富的从业经验，根据纸质增信材料及大数据查询结果，综合分析借款人资产价值、信用记录、经营状况、借款用途、还款能力及还款意愿等，判断借款人是否符合放款条件，出具风险评估报告。而目前 AI 智能风控模型多适用于网络小额贷款，其特点是贷款额度低、无抵押、准入门槛较低、散点网格状的多对多形式。所以说小微企业抵押贷想要达到网络小额贷款纯线上智能风控的程度，还有很长的路要走。

互联网背景的金融服务风控体系以大数据风控为技术支持，通过对用户交易行为发生时间及空间等要素的多维度分析，结合移动终端的设备识别技术，识别高风险交易特征，建立预警机制。风控系统以单一用户为观察核心，通过搜索其工商、税务、行业上下游及关联人关系等多维度信息，形成关联数据体，再针对其中每个维度的交易与经营信息开展关联数据搜集、挖掘和分析。通过拍照、录像及移动端电子数据报送等手段，获取更加及时、可靠的客户信息，对接实时的智能数据分析系统，识别用户经营变化和异常违规操作行为，实现更有效的自动化线下风险预警与控制，完成规模化贷后监控。

想要完成规模化，就需要海量数据源作为基础，各个风险审查人员需要借助工具就历史信息及实时信息做到全面共享。在互联网飞速发展的时代背景下，信息传递的便捷性逐步提升。金融机构在自身风控体系的规则下，单一业务往往会产生海量的业务资料和用户信息，如身份证明文件、权属证明文件、经营相关文件等。这些核审材料或以纸质的形式储存在文件柜中，或以字节的形式储存在硬件设备或云盘中，再以系统化技术手段将其转化为相应的数据化信息。如此体量的信息虽有大部分是具有复用价值的，但在资料调取的过程中难免会产生大量冗余信息。

对于金融机构来说，这些过程数据不仅占用资源而且极大地提升了管理成本，降低了业务信息处理效率。由于整体抵押贷款业务办理是岗位流程化的，需要用传统信息储存方式进行交接。如果用纸质版传递不仅会造成丢失的风险，还极易损坏；如果用通信平台进行分享，那存储的重复性问题就没有办法解决。

为了做到业务相关资料的有效管理，金融机构可以和科技公司合作，利用科技公司的数据挖掘技术对业务资料进行标签化管理。科技公司根据金融机构的业务需求，设计数据分类管理规则，系统机器人会根据关键信息形成标签，并通过技术手段对标签进行动态的新建与更新，形成标签的内容分析提醒机制。另外采用分布式存储共享形式，搭配访问权限设置，对数据库文件形成单点存储，多人共用，自动整理的共享目的。

科技公司通过自然语言处理技术，利用机器学习搭建模型，将海量文字化的客户和业务资料，转化为算法能够识别和计算的词向量表征，基于深度学习技术，根据业务人员实施指令内容对相应资料进行特征提取，再运用多层分类器进行信息的甄别和筛选，使目标信息搜索过程简化为标签化词汇检索。金融机构还可以通过技术手段分析海量历史业务资料，不仅可以智能化自动提取用户特征、违约风险等多维度的有效信息，而且可以提升内部业务信息所带来的经济效益。金融机构还可以通过构建用户知识网络和关系网络构建网络图谱，将用户信息、关联关系、交易行为等数据与客户所属行业专业结构与金融机构的风控纲要形成连接，以可视化图谱的方式管理数据文件。

当人工智能工具的应用开始解放人力，金融科技就会再次掀起金融服务的大变革。金融科技不断渗入金融行业，已全面渗透金融业务的每一个领域和环节，金融行业中存在着很多机械性的、重复性极强的工作，而人工智能技术的主要意义就在于不断代替这类型的工作，解放人力。在金融科技稳定发展的大背景下，预计在 2030 年左右，银行及金融机构将削减 100 万以上的工作岗位，削减幅度达 20%以上，剩余 70%及以上的岗位将提升 40%以上的工作效率。从削减的岗位来看，人工智能的发展主要影响和削减了金融服务行业中营销类人员、风控审核人员、客户关系管理人员等职能岗位。可以预期的是，在更远的未来，更多核心的工作也会逐步被人工智能取代。

第二章部分图摘录

第三章

岗位职责及技术应用

金融机构作为金融服务业的服务供给者，其运营能力、管理能力将很大程度决定金融服务水平的高低。我国近年来的金融开放给金融机构带来了机会，金融科技的发展愈发强劲，所有的金融机构都在寻求科技转型路径，但同时激烈的市场竞争和业务、管理、人才流失相关问题也随之而来，金融机构如果能在充分发挥自身优势的同时补齐短板，必将能在竞争激烈的开放市场中立稳脚跟，而擅于赋能的金融科技则是金融机构提高市场竞争力不可或缺的手段。在产品设计、渠道整合、业务流程三个环节（如图 3.1）中融入 AI、RPA、大数据、云计算等科技手段，将有助于提高金融机构服务的质量和效率。

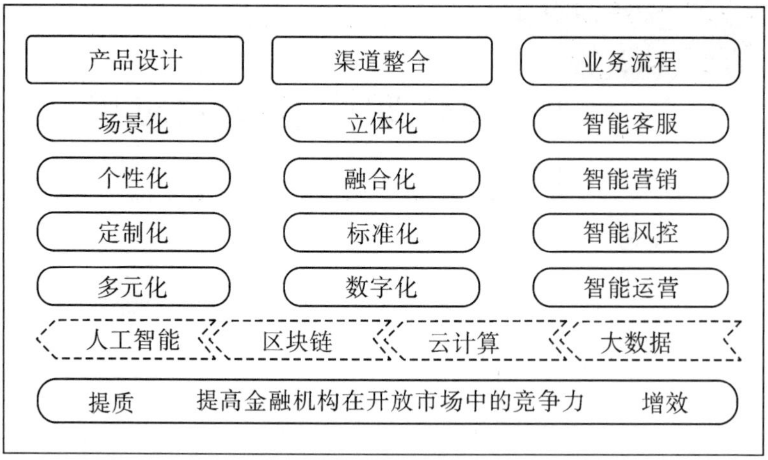

图 3.1　金融科技助力金融机构在开放市场提高竞争力

在产品设计上，洞察、调研不同场景的用户需求，深度分析用户痛点，进行多维度产品设计。将简单重复的机械性工作交给 RPA 机器人自动化作业，精细设计算法模型，充分利用 OCR、NLP 等技术实现文件扫描等功能，并通过多种技术手段获取多维数据，设计基于特定使用场景的定制化、个性化、多元化产品，合理推动企业数字化建设方案。

在渠道整合上，金融科技通过建立立体化、融合化、标准化、数字化的线上获客渠道，依靠大数据为基础的智能化模型提高渠道生产效率，促使渠道效能最大化，极力解决传统业务中获客难的痛点。

在业务流程上，金融科技能够通过智能客服和智能营销手段提升获客能力。通过资产全景画像和移动办公场景的支持，依托智能风控手段——数据中台对风险信息一键聚合搜索功能，提高企业数据采集能力，加速资产筛选、增强企业竞争实力。通过智能运营手段，实时分析处理并可视化监控业务进展、资产状态、企业收益等指标，打造企业经营仪表盘，为企业在瞬息万变的市场中提供精细化管理的可能性，同时透过外围子系统的支持，大大提高企业商业整合能力，重塑资产价值，整体提高业务审核效率、风险定价能力和经济化运营水平。

大量信息表明，金融科技在提升传统金融机构各方面的市场竞争力上都起到显著作用。上一章主要以某商业银行为例，对比分析了在商业银行小微企业抵押贷业务的审核流程中，传统风控方式与金融科技风控方式的差异性（如表 3.1 所示）。本章的重点放在第三方服务机构，结合多个案例，讲述第三方机构在小微企业抵押贷业务中如何使用金融科技提升效能。银行与其他金融机构在业务流程中有相同也有差异，但我们通过对比两家机构接入系统的前后数据不难发现，基于已有业务模式进行系统开发，让业务人员使用符合日常工作习惯的辅助工具，对其工作效率有更为明显的提高。

表 3.1　传统风控和金融科技风控的对比

	传统风控	金融科技风险
风控模型	以人工审核为主，依靠专家经验	以模型、策略体系自动分析决策为主，人工审核为辅
数据来源	公司内部资源、央行征信资料、客户提交的相关资料	除传统风控数据来源外的第三方数据、线上线下多维度数据
数据维度	数据特征数量少，以斟酌信息为主的强变量为主	特征数量大于 1 000，以斟酌信息、行为特征信息为主的弱变量信息
数据关联性	数据关联度低	数据关联度高，可交叉验证
模型设定	以线性模型为主，因果关系强	以深度学习、集成学习模型为主，可应用相关关系

扫码体验业务系统

第一节　业务审查初评工具运用

在传统的第三方服务机构的小微企业抵押贷款审核业务中，借款方进入风控审核的第一步是初评。初评人员需将业务部门提供的房屋地址和房产证照片信息登记在初评表内，根据房产证登记信息确认房产性质，并确认房产性质是否符合产品大纲（准入条件是：商品房、经济适用房、房改房等交易不受限制的房产），初步判断押品的可操作性。然后，通过百度地图、高德地图等平台识别小区名称。通过房产中介网站查询该小区的挂牌记录和成交记录，判断进件房产的市场成交价。在京东法拍、淘宝法拍、人民法院诉讼资产网、中国拍卖行业协会司法版块等司法拍卖平台查询相似户型的法拍数据。邀请具有评估资质的机构对进件房产进行评估。最后，将上述数据全部录入风控数据模型，得出房屋评估值和可批贷款值。同时将初评结果返回业务部门。初评作为整个业务链条的起点，不只是简单地对押品做评估值，还在整个流程中起着非常重要的作用。

1. 评估数据要准

初评值低，无法满足客户需求，会导致客户流失；初评值过高，可能与最终获批贷款值差异较大，让客户怀疑机构的专业性，体验感极差。所以初评值的第一个要求是“准”。初评可获取的有效信息特别少，对于初评工作的准确性考验较大，所以数据的质量直接决定评估结果的质量。初评主要参考的数据来源包括二手房成交数据、法拍数据、第三方评估机构数据。房产中介掌握了绝大部分的二手房交易数据，其数据在各家金融机构的评估模型中占据非常高的比重，所以选对房产中介的参考数据对评估至关重要。以北京为例，链家的市场占有率达到了60%，部分商圈甚至达到70%，具有绝对的权威。近些年，随着法拍流程的逐渐透明，法拍房市场日趋火热，法拍的数据对于违约处置具有很高的参考价值，所以部分金融机构在贷前评估时加入了法拍数据作为参考。在北京，阿里法拍、京东法拍占据了法拍市场80%以上的交易量，可作为参考。评估机构虽使用的评估方法基本一致，但各家评估结果还是存在不小的差异，评估机构的选择决定于各家对于房产市场的预期。除了数据源的选择，数据的匹配也十分重要。数据的匹配不准确也难以保证初评结果的质量。二手房交易数据和法拍数据的选取更多地依赖初评人员的专业性和经验。

2. 小区识别要准

房产挂售是以小区来区分，所以小区名一定要辨别准确。前文提出，可以通过百度地图、高德地图等平台识别小区名称，但这些平台的登记结果与房产中介登记的小区名可能存在差异，甚至是完全不同的小区所以需要仔细甄别。我们曾遇到一套房产初评人员评估500万元，实勘尽调时店询房产中介给出市场价300万元的情况，后查找原因，发现初评核实的小区与实际实勘小区仅一街之隔，在地图上显示这两个小区名一致，在房产中介机构登记却是两个小区名，这两个小区因建成年代、小区环境不同导致价值差距较大。该笔订单因初评与实际批贷值差距较大，导致无法满足客户预期贷款需求，最终流失业务。

3. 户型识别要准

同一小区中板楼的户型一般比塔楼的户型单价略高。别墅户型中独栋价格最高、联排次之、叠拼最低。在初评环节，上述的差别只能通过楼栋的层高、面积、地址等信息来甄别，这对初评人员的房产专业知识储备要求较高。

4. 房价的认知要准

房产中介网站数据分为两个部分：在售和成交。在售价格受业主心里预期、迫切程度等众多因素影响，参差不齐，同样的户型挂售价差异可能达30%甚至更多。房产最终的成交价通常低于在售价，初评人员需要识别最可能也最接近押品的成交价格。成交价最具参考价值，在二手房买卖中，卖家通常会根据历史成交价来决定自己对于卖房获利的预期，但成交价是历史数据，其质量受房价未来走势以及时间间隔的影响。所以初评人员需要对所在区域的近几年房价走势有较为准确的认识，才能从房产中介数据源中选择质量最高也较为精准的数据。

对于法拍房数据的选取和二手房同理。因为银行或金融机构对于担保物有不同的限制条件，初评人员需要精准录入房源信息，熟练操作各类数据平台，精准查找对参考数据，熟悉产品手册。初评人员需要根据产品手册进行筛查，审核担保物是否符合产品要求，其中需重点关注房屋性质（商品房、经济适用房、二类经济适用房、房改房、央产房）、规划用途、面积、建成年代等。以北京为例，因政策及环境的影响，商品房和保障性住房种类繁多，需要初评人员熟练掌握房产交易规则，其中可以直接上市交易的房产类型有商品房、一类经济适用房（满五年）、二类经济适用房、成本价购买的房改房、拆迁安置房，以及继承和赠予的房产。如果考虑贷后处置问题，那贷前初评人员仅了解房产种类还不够，还需要了解二手房交易过程中所涉及的各项税费（具体测算方法如表 3.2 所示），并结合政策信息及税费总额，最终给出房产的综合评估值。

表 3.2　房产交易涉税概览

<table>
<tr><th>房屋类型</th><th>税种</th><th colspan="4">计算方式</th></tr>
<tr><td rowspan="9">商品房</td><td rowspan="4">契税</td><td rowspan="3">首套</td><td colspan="2">≤90m²</td><td>网签价×1%</td></tr>
<tr><td colspan="2">>90m²
≤140m²</td><td>网签价×1.5%</td></tr>
<tr><td colspan="2">非普通住宅</td><td>网签价×3%</td></tr>
<tr><td>二套</td><td colspan="3">网签价×3%</td></tr>
<tr><td rowspan="4">增值税</td><td colspan="3">普通</td><td>非普</td></tr>
<tr><td colspan="2" rowspan="2">满 2 年</td><td rowspan="2">免征</td><td>差额/1.05×5.6%</td></tr>
<tr><td>差额=本次网签-原值（原值以契税票为准）</td></tr>
<tr><td colspan="2">未满 2 年</td><td colspan="2">全额（网签价）/1.05×5.6%</td></tr>
<tr><td>个税</td><td colspan="4">满五且唯一：免征
不满五或不唯一：差额×20%　（若无法查到原值按网签价 1%征税）
差额=此次网签-原值-合理费用（合理费用：此次交易的营业税、装修费用不超过网签的 10%，房贷利息等）</td></tr>
<tr><td rowspan="4">经济适用房</td><td>契税</td><td colspan="4">同商品房</td></tr>
<tr><td>增值税</td><td colspan="4">同商品房</td></tr>
<tr><td>个税</td><td colspan="4">同商品房</td></tr>
<tr><td>综合地价款</td><td colspan="4">2008 年 4 月 11 日之前购买的需缴纳网签价×10%
2008 年 4 月 11 日之后购买的需缴纳网签价×70%</td></tr>
</table>

表3.2(续)

房屋类型	税种	计算方式
二类 经适房 适用房	契税	同商品房
	增值税	同商品房
	个税	同商品房
	土地出让金	网签价×3%
已购公房	契税	同商品房
	增值税	同商品房
	个税	同商品房
	土地出让金	成本价购房：成本价×建筑面积×1% 成本价：六城区 1 560 元/m^2，郊区 1 290 元/m^2） 优补成：成本价×建筑面积×6%（标准价购房需先向原单位缴纳土地出让金，补成成本价，再缴纳土地出让金）

注：表中测算方法基于北京地区的政策及税费情况。

我们团队的产品经理在掌握了该机构初评岗位的核心工作重点后，又对小微企业贷款市场的用户需求进行了调研，发现客户对于贷款产品最敏感的因素是时效。因为小微企业受规模限制，没有完整的组织架构，所以也没有财务预算，用款往往很突然。存量市场中，由于借款方的资金成本比较高，所以对时效要求也特别高。以北京市场为例：市场中有 20~30 家银行类产品，上百种信托或小贷类产品，竞争特别激烈，在回复时效性方面具有竞争优势的机构往往能取得先机，更容易促成交易。

综合考虑该金融机构的初评岗位职责和普遍的市场需求，我们技术团队为该机构接入了符合风控要求的初评模块，随着科技工具的使用，该金融机构的初评工作可以一定程度上依赖系统，最快可做到“秒出结果”。我们的技术团队为了保证评估数据的客观性和实用性，连接了数以千亿元计的房产成交数据，再基于千亿级别数据构建初评业务模型，从而保证了反馈给客户数据的准确性，增强了贷款值的认可度。

上述的系统报单 1 秒回值程序，能为借款方打造出差异化的贷前服务体验。同时为保证贷后处置可控，在贷前回值的同时，系统还可以做到一键聚合搜索涉诉、工商、税务、失信、限高等 22 个领域的风控数据（如下图 3.3 所示），把好第一道风控大关。但受技术水平和模型设计的限制，如果完全依据科技工具进行初评，往往无法保证结果百分之百准确。所以，经过科技工具和人工校验相结合初评工作最能提高客户的整体满意度。

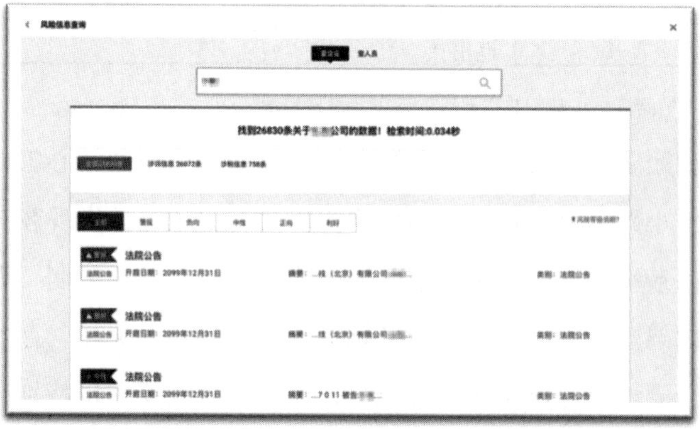

图 3.2　一键聚合司法信息搜索

▷第二节　实勘尽调、风控审批同频作业

在第三方服务机构的传统实勘业务中，风控审批人员会与业务团队沟通，取得抵押物地址，预约实勘时间。实勘工作主要有两个方面：①进行资料收集，到达抵押物地址后进行拍照，拍照对象包括但不限于房屋情况、房产证等证件信息，以及其他细节情况。与借款人面谈，了解借款人的基础信息，如贷款用途、资金用款规划、还款来源等。②实地询值，对抵押物附近两家及以上房产中介进行实地走访，询问本小区与押品相似的房产成交情况，确定成交周期及成交金额。

然后将实勘过程中，音频视频输入系统，通过语音转化功能抓取关键信息，对所有实勘信息进行整理，提交至中后台审批岗。由于实勘是出批复结果前金融机构与借款人唯一一次接触，也是对抵押房产的唯一一次调查，所以实勘的信息反馈对审批起着至关重要的作用。

该金融机构实勘尽调分为两大部分：人的尽调和房的尽调。在我们进场梳理该金融机构业务流程时，实勘专员着重强调了实勘任务中对于信息与细节的把控。

1. 人的尽调

（1）家庭信息

户口本记载着一个人的出生地、亲属关系、信息变更、迁移历史等信息，结婚证、离婚证、离婚协议、民事判决书、民事调解书等记载着一个人的婚姻历史。查看上述资料，可以初步了解一个的家庭结构。但是，证件有时不能展示全部的情况，还存在借款人故意不提供个别证件的可能性，所以仅仅通过证件无法了解一个人的完整家庭结构，还需通过询问、观察来加以判断，相互佐证。

案例解析

在实勘专员处理过的项目中，就有借款人故意隐瞒信息的行为。有一女性张某，49 岁，声称自己因为感情问题离婚，目前房产只有自己 1 人居住。离婚时间为 2019 年 11 月 30 日，实地尽调时间为 2019 年 12 月 10 日。实勘专员通过观察，发现屋内鞋柜里有男士鞋子，卫生间有两支牙刷，且都有近期使用过的痕迹。经过反复沟通，张某终于承认自己是“假离婚”，而实际用款人也是这位“前夫”。实勘专员强调一定要对细节进行把控，细节往往能让风险控制前置化，贷款人掌握越多“真实”的借款人信息，产生坏账的可能性就会越小。

（2）职业信息

虽然小微企业贷款中，借款人多为小微企业主，但也不乏在其他企业担任高管职位的。通过户口本的服务处所、征信报告的就职单位、缴纳公积金单位等可以了解借款人的历史就职单位。当前的职业信息只能通过缴纳社保证明、工资流水等材料证明。

（3）经营信息

办理小微企业抵押贷款时，借款人会提供公司的对公流水和近些年的财务报表，但流水、财务报表的数据质量参差不齐，更有甚者为了符合贷款审批造假，加上实勘专员通常财务知识积累不多，无法识别流水或财务报表真伪，难以从中获取有用信息。在实勘环节，实勘专员只能通过面审来了解借款人的经营情况，包括借款人经营的公司名称、实际经营的项目或者业务、经营地、员工人数、年流水、利润等基本信息。对于有过贷款经验的借款人，比较熟悉实勘时的流程，如果没有实际经营或者经营情况较差，可能会提前编造经营情况，比较常见的有贸易、餐饮、电脑耗材行业。少数借款人因为有某些行业的就职经历，所以会将就职公司的业务包装成自己经营的业务。小微企业经营的业务种类繁多，需要实勘专员具备丰富的行业知识，来确定其经营的真实性、合理性。

（4）借款用途及还款来源的判断

借款用途是贷前审查必须重点核实的问题，但也是最难核实的问题。抵押贷款通常用于补充流动资金、购买或投资建设固定资产，或者用于收购企业等，但存在不少借款人以经营名义申请贷款，却将贷款用于购房、购车等大额消费的情况，更有甚者将贷款投资于P2P、养老等理财项目赚取利差。借款用途需结合经营的情况进行判断，分析其合理性。在小微企业贷款市场中，有大量存量借款人通过转贷方式实现“短贷长用”，贷前审查应深入了解借款人最初的借款用途，并结合转贷的需求金额判断其真实性。另外，可询问借款人对于贷款资金用途的详细规划，根据其描述的详尽程度判断其真实性。还款来源通常为经营所得，结合经营描述可以分析贷款期间的经营收入是否能覆盖利息，期间的利润积累能否覆盖贷款本金。

如无法覆盖，需了解是否有其他收入来源。

案例解析

在实勘专员讲述的实勘经历中就有借款用途不明，面审过程异常的借款人（或叫产权人）。这里举一个刘某的案例。抵押的房产为回迁房，登记在刘某名下，实际居住人是刘某儿子、儿媳、孙子。实勘时，刘某儿子一家不在房产内，且全程由邻居及邻居家女儿在旁陪同。借款用于投资附近一个产业园项目，具体项目规划、投资额、招商、回款等细节借款人不能详细描述，只能表述大概情况，且沟通过程部分问题由邻居帮忙回答。借款人之前无贷款经历，对于此类借款人实勘专员做出风险审查分析：刘某故意避开儿子办理贷款，可能是陷入某一理财骗局，该骗局主要针对文化水平不高的老年人。

（5）负债、贷款历史及资产状况的获取

征信报告分为个人征信及企业征信，是由中国人民银行征信中心出具的记载个人信用信息的记录，用于查询个人或企业的社会信用。征信报告采集了个人和企业的贷款信息，包含贷款记录、还款记录、审批记录等。贷前审查的，对于某一时间段贷款申请较为集中的情况需重点关注借款原因、资金规划，还款逾期（尤其是金额较大的）需重点关注原因。但部分信托、小贷、典当行以及民间借贷记录不会上传至征信系统，所以无法从征信报告中全面了解借款人的负债及贷款历史。通常可通过了解借款人名下房产的抵押情况判断有无额外负债（上述机构发放贷款后通常会将房产证收押，抵押、解押记录会登记在房产证附记页）。单纯地关注负债情况往往不能全面了解借款人的情况，实勘环节通常应了解借款人的其他资产信息，如房产、土地、机动车、厂房、金融资产等，了解是否存在抵押，并收集相关证明材料。

2. 房的尽调

房产作为贷款的担保物，是贷款人的最后保障，当借款人的资质较为普通时，用于抵押的房产质量就较为重要。在目前的市场中，银行更注重对借款人资质的审核，在信托、小贷、典当行等非银机构中则偏向于对房子的审核。

（1）房产的基本情况

房产的基本情况包括房产地址、周边配套、路段、门牌号、小区名、楼栋号、楼层号、房号、楼层结构、房屋内部结构、面积、装饰情况、居住痕迹。除此之外，还需观察和了解有无影响房屋价值的因素，如临街、有遮挡、临近高压线、临近垃圾场等。实勘专员需按照工作规范采集上述资料。

（2）房产的使用情况

房产使用情况是贷前审核的一个重要维度，了解得越详细、越准确，就能提前预估风险，并设计应对措施，减少后期处置的难度。

装修作为房产的附加部分，对于出售和处置房产时的价值有较大的影响，有时也能反映出借款人的生活品质、经济状况等。实勘采集的照片要能反映房屋的装修档次和居住人的生活品质，不论是借款人自住还是出租、他人借住，都可从居家环境中侧面反馈居住人的生活习惯、性格等因素，便于若出现违约后，制定后期与借款人的处置、谈判的方案。

如何判断是否有人居住，可以观察下列情况：鞋柜中放置鞋子的情况、厨房是否有做饭迹象、冰箱内是否有新鲜食物、阳台是否有洗过的衣服、是否有生活垃圾等。如何判断居住人数，可以观察卫生间牙刷杯和牙刷的数量、鞋柜里鞋子的种类、衣柜里衣服的种类等。如何判断借款人是否在内居住，可以观察借款人对于屋内的了解程度、在屋内的状态是否拘束等。对于自住的房屋，房屋内的现状可以反映借款人的生活态度和性格，照片中需要体现屋内的生活细节。

案例解析

用途不明——存在理财风险

李某：借款人/产权人，58岁。

焦某：借款人配偶，56岁。

李某、焦某名下无公司，描述为别人代持。主营家用电器贸易，代理品牌日立、索尼、康佳等。对经营细节描述不清，沟通过程支支吾吾。夫妻俩退休前是房管局工人。之前在某商业银行借款260万元，此次申请金额300万元。

分析：借款很大概率将用于投资P2P、养老服务等理财项目。此次贷款需求增加较多，疑似理财项目回款出现异常。

老年人作为弱势群体，是实践中执行房产较为常见的阻力。实勘时要特别注意屋内是否有老人生活的痕迹，如：老年人药品、轮椅、拐杖等。如有老人，可与老人简单沟通，观察老人的身体、精神状态，并判断老人是否知晓房产要做抵押以及对于房产抵押的态度。

出租的房产需查看租赁合同，了解租期、租金和收取方式，核实屋内人与租赁合同中的承租方是否一致，判断租期是否长于贷款期限，与承租人现场签署《到期放弃承租权声明》。

另外，实勘专员还需观察房屋是否存在异常情况，如门锁是否有被撬痕迹、是否有张贴封条的痕迹等，任何异常情况背后都可能隐藏着巨大风险。

（3）房产的市场成交情况

房产的市场成交情况通常向周边的二手房中介了解。房产的价格和流动性直接影响批贷的金额，所以要求必须客观、准确。实勘专员在询问之前，需自行查看房产的历史成交数据，对房价有初步的认知。询问时需找比较资深的房产中介从业经纪人，充分沟通实勘房产的基本信息。询问信息应包含小区同户型的成交价、挂售价、近期的带看情况、小区的关注度、与周边小区的对比等，综合判断押品的现时价值。

实勘专员认为实勘尽调其实是一件比较有意思的事情，也是一件需要不断深入挖掘、探索、思考的事情，并提出要做好以上尽调工作需要做到以下三点：

第一，保持敏感。

做好尽调工作就是需要有一颗敏感的心，要时刻对所见所闻保持合理的怀疑以及对信息的敏感。比如在面对财务报表、流水上的可疑数据、借款人支支吾吾的态度，以及借款人前后说的话不能逻辑自洽等情况时，都可以结合其他证据进行合理怀疑。

第二，“以貌取人”。

以貌取人是个贬义词，但在尽调的过程中，实勘专员又确实需要“以貌取人”。观察借款人的气质谈吐是十分有用的。例如，借款人的说话时是否大方自然、是否有语言闪躲、是否词不达意；被问到敏感问题时，是否含糊其词，左右闪躲；被问到核心问题时，又是否有自己独到的见解。这些都有助于剖析出隐藏的风险点。

第三，保持不断学习的能力。

想要做一名优秀的“实勘尽调人”，就需要不断学习，不断从前辈那里学习尽调经验，同时还要学习相关的行业知识，财务知识，经济学知识和法律知识，培养自身审查财务报表的能力、分析市场的能力，将知识储备运用在工作中，便于自身工作的更好开展。

实勘尽调收集的信息和材料是影响风控审核结果的关键，作为企业抵押贷业务中重中之重的环节，金融科技的产品团队设计理念要结合实勘专员实际业务场景，从材料录入烦琐、信息碎片化难以整理、管理人员难以监控等痛点、难点入手进行产品设计。

技术团队根据产品需求，以 OCR 文字识别、语音识别、云存储等科技技术为基础，将实勘专员的工作模式去繁化简，同时利用 AI 和 RPA 技术不断优化和完善产品风控模型，为实勘尽调持续提供科技解决方案。技术团队在做技术选型时，充分考虑了操作人员的使用场景，为每一种场景选择最佳的技术解决方案，最终形成一套适合企业抵押贷款业务的系统独特技术栈。

小微企业抵押贷业务的核心就是抵押物房产，抵押物的真实性直接影响着审核结果，抵押物价值的评估影响着借款人可申请到的借款金额。为了避免实勘专员无效作业（如房屋信息造假、房产证造假），金融科技可以在实勘任务开始前对抵押物的真实性进行验核，利用 OCR 识别技术扫描房本，返回房产证上的信息与报单时填写的房屋信息进行对比验核，并在解析房产证上的信息后调取系统中的房屋估值模型，将估值结果与客户申请的金额进行对比。这对后续审批有指导性作用，控制了风险的同时还解放了一定的人力资源。系统在识别房产证上的数据后，可以多维度地与系统已存数据库中近百套房产证模型进行校准，增加了抵押物房产的可靠性，同时降低了无效实勘作业的风险。

业务系统运行时积累的数据是企业最宝贵的资源，系统的宕机，数据的损坏、泄漏都会使业务停摆并对企业造成巨大的损失，在技术开发时，全体技术人员要秉承“信息安全放在第一位”的理念进行研发，极力避免数据信息的损失。

第三节　风控稽审调查全网管理

在传统审批流程中，后台风控人员收到实勘岗提交的面审资料后，才能开始审核。除了查看审核资料是否齐全、是否真实，还需要查看以下资料：①查看借款人身份证、户口本、婚姻资料，了解基础基本情况；②查看房产证、购房合同等资料结合婚姻情况判断产权情况，结合相关法律条款确定产权是否清晰；③查看房屋资料，结合初评值、实勘店询值等其他影响房值的因素综合出具房产的现时价值报告；④查看征信报告，分析借款人财务状况，确定征信现状是否符合大纲中对于征信的要求；⑤查询借款相关人员的司法信息；⑥查看公司的基本情况、经营范围等；⑦查看公司财务报表、流水、上下游合同是否符合产品大纲；⑧查询公司司法信息；⑨查询关联公司信息。综合上述信息及实勘反馈信息，分析借款人的资质，给出批贷结果，回复给业务岗。风控审核的具体要点分为以下两点：

1. 资料真伪审核

风审人员基于历史经验，可以对资料做简单的真伪识别。身份证、户口本、结婚证等证件都有防伪的设计，例如，身份证中“居”“民”“身”与一般的电脑字体存在差异（见图3.3），户口本的封皮与内页有特殊印制（见图 3.4），结婚证、离婚证的特殊格式等。

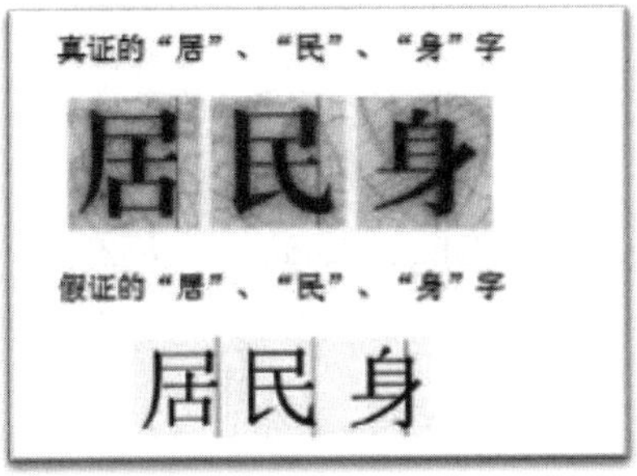

图 3.3　身份证字体真伪识别

户口簿的外页为塑料皮，大小可能会因发证机关不同而有所差别，但户口簿的内页规格统一，长 143 毫米，宽 105 毫米。北京居民户口簿塑料外页内中缝处有“北京市公安局监制”字样，其他省市户口簿外页则没有。

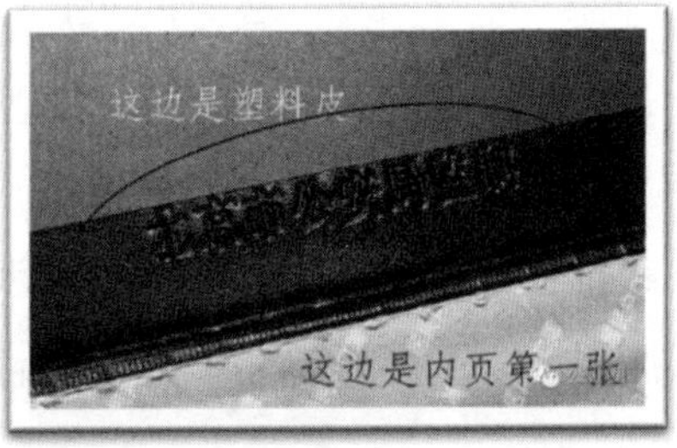

图 3.4　北京市户口本内外页标识

在小微企业贷款中，要特别谨慎的是流水造假，因为很多借款人的个人和对公流水达不到金融机构的要求。流水造假的形式多种多样，如借款人“张三”将“李四”的流水通过 PS 技术变成自己的流水，通过人眼是很难识别真伪的。目前多家银行开通了流水验证真伪的功能，但也无法完全辨别。例如，工商银行的流水验证可以实现“人”“金额”“日期”的三者对应；招商银行的流水能识别交易真伪，但无法识别“人”。

下面列举几家开通了流水验证的大型银行的验证通道。

工商银行：https://mybank. icbc. com. cn/icbc/tokenVerify/frameset.jsp

中国银行：https://ebsnew.boc.cn/boccp/businessCodeQuery.html

交通银行：http://www.bankcomm.com/BankCommSite/shtml

浦发银行：http://ebank. spdb. com. cn/net/perEStmp ValidateInput.do

光大银行：https://open.cebbank.com/portal/seal.login.do

中信银行：https://etrade.citicbank.com/portalweb.html

民生银行：https://ent.cmbc.com.cn/ electNoteCheckmain.html

广发银行：https://ebanks.cgbchina.com.cn/perbank/Eseal.do

招商银行：http://checktransactionbill.paas.cmbchina.com

2. 风控要点审核

审核的要点主要包括借款人的职业、婚姻、涉诉、征信、公司经营状况，以及抵押物审核，如房产的产权、价值情况等。

（1）职业信息

在目前的小微企业抵押贷款中，根据风审人员经验，金融机构对于几类行业从业人员比较关注：公检法人员及其家属、金融投资行业高管、律师、媒体从业人员。公检法在职人员因职业关系，不能经营公司，不符合小微企业主的标准，不能作为借款人。因公检法人员的工作性质，其家属在非银机构中申请贷款也较难。金融投资行业高管申请贷款很容易用于高风险投资谋取利益。金融投资行业是金融机构公认的高风险行业，其行业从业人员被多数金融机构禁入。律师因其职业特性，对执行有较为丰富的经验，是所有职业中抵押物处置难度最大的，所以律师被多数金融机构禁入。媒体从业人员在对抗执行中可能会利用工作资源发布某些负面信息，影响金融机构声誉，也不受金融机构欢迎。总之，对于高风险、执行难度大、高失联性质的职业从业人员，金融机构都会提高警惕。

（2）婚姻情况审核

《中华人民共和国民法典》（下称《民法典》）中第一千零六十四条对夫妻共同债务的表述是：夫妻双方共同签名或者夫妻一方事后追认等共同意思表示所负的债务，以及夫妻一方在婚姻关系存续期间以个人名义为家庭日常生活需要所负的债务，属于夫妻共同债务。夫妻一方在婚姻关系存续期间以个人名义超出家庭日常生活需要所负的债务，不属于夫妻共同债务。但是，债权人能够证明该债务用于夫妻共同生活、共同生产经营或者基于夫妻双方共同意思表示的除外。

这一规定意在引导债权人在形成债务尤其是大额债务时，为避免事后引发不必要的纷争，加强事前风险防范，尽可能要求夫妻共同签字。这种制度安排，一方面，有利于保障夫妻另一方的知情权和同意权，可以从债务形成源头上尽可能杜绝夫妻一方“被负债”现象发生；另一方面，也可以有效避免债权人因事后无法举证证明债务属于夫妻共同债务而遭受不必要的损失，对于保障交易安全和夫妻一方合法权益，具有积极意义。

实践中，很多商业银行在办理贷款业务时，对已婚者一般都要求夫妻双方共同到场签字。一方确有特殊原因无法亲自到场，也必须提交经过公证的授权委托书，否则不予贷款。这种操作方式最大限度地降低了债务不能清偿的风险，保障了债权人的合法权益，也不会造成对夫妻一方权益的损害。“共债共签”原则实现了与《中华人民共和国婚姻法》（下称《婚姻法》中）夫妻财产共有制、以及《中华人民共和国合同法》（下称《合同法》）的合同相对性原则的有机衔接。目前我国现行的婚姻登记制度包括结婚登记、离婚登记和诉讼离婚。

婚姻信息属于个人隐私，金融机构无法直接从婚姻登记处获取借款人的婚姻情况。多数金融机构只能依赖后续的公证环节，通过公证处向借款人户籍地发函确认其婚姻情况，也有部分信托、小贷类机构派工作人员陪同借款相关人员到其户籍地的婚姻登记处核实。但以现有条件，还无法做到全面核实。当婚姻登记信息实现全国联网后，隐婚、重婚等行为将无所遁形，这可以降低金融机构贷款的风险。即使如此，在审批环节，还是需要对借款人提供的婚姻材料结合户口本简单判断是否缺失。

在金融机构眼中，已婚人士尤其是已育的人群，婚姻状况较为简单，失信的概率相对较低。近期离婚的客户，需判断其离婚行为的目的。根据过往的从业经历可知，有部分近期离婚的客户大多是配偶职业、征信不符合产品大纲，或者近期有涉诉、执行等司法负面信息，以离婚手段逃避金融机构的审核。结（离）婚次数较多的，需考虑其家庭不稳定对还款能力的影响。未婚人群也需注意其收入水平、借款用途等，这影响着放款后的履约能力。对于离异的人群，需重点关注离婚协议中关于财产分割的约定，除抵押物的分割外，还可能存在金钱补偿的约定。如借款人是需支付补偿的一方，则需核实其是否履行完毕，如约定分期支付，则需判断后续履行补偿义务的同时会否影响借款人的还款能力。

（3）司法涉诉等负面信息审核

负面信息包含涉诉、行政处罚以及负面舆论。审核重点关注的涉诉信息大致分为经营合同纠纷、借款合同纠纷、劳动纠纷三类。经营合同纠纷较为普遍，对纠纷发生的原因、频率、时间整理分析，可以了解企业实际经营的业务、上下游企业，以及经营的状况。借款合同纠纷可以反映企业的信用情况。劳动纠纷的频率、集中程度可以侧面反映公司经营的稳定性。行政处罚包括工商处罚、税务处罚、环保处罚等，审核时要关注行政处罚发生的原因，分析企业持续经营是否受到严重影响。

负面信息可能影响企业形象、品牌信任度，使企业销售业绩下滑，甚至危及企业生存，不容忽视。公司涉诉时，除了要考虑对公司的影响，还需考虑对股东、法人、高管、实际控制人的影响。公司被执行限消时，法人将面临被列入限制高消费名单、限制出境、追究刑事责任的风险。《中华人民共和国企业破产法》（下称《破产法》）第三十五条规定："人民法院受理破产申请后，债务人的出资人尚未完全履行出资义务的，管理人应当要求该出资人缴纳所认缴的出资，而不受出资期限的限制。"所以当借款人未完全履行作为股东的出资义务时，在公司达到破产条件后，需补缴出资。

涉诉、行政处罚、舆情等负面信息是业务单是否可操作的决定性因素，公司的未决诉讼金额、诉讼进度、当前是否面临失信、限消、执行、行政处罚、负面舆情等信息都是需要关注的重点风险信息。分析财务报表的目的在于，判断企业的财务状况、诊断企业经营管理的得失。通过分析，可以判断企业财务状况是否良好，企业的经营管理是否健全，企业业务前景是否光明，同时，还可以通过分析，找出企业经营管理的问题。但小微企业财务制度不健全，财务报表通常未经会计师事务所审计，数据质量难以保证。审批时需结合公司实际情况选择是否采纳财务报表数据。

在目前的实践工作中，个人的司法涉诉等负面信息往往是最不容易获取的。虽然目前是大数据时代，但是司法涉诉等信息的披露有滞后性。也许在你面前正在做借款审清的这位借款人，正在与另外的金融机构在法庭上因为借款纠纷“据理力争”，而这个案件的信息，在结案的几个月后公开网站才有披露。

涉诉信息目前可从执行信息公开网、人民法院公告网、中国裁判文书网、地方法院官网这些公开平台获取，也有第三方的数据平台可以获取。将借款人的姓名、籍贯、出生日期等信息与查询到的裁判文书、公开被执行人信息、失信被执行人信息做对比交叉验证，从而了解借款人是否有未决诉讼、执行，是否为失信、限制消费人员，更有甚者是否曾经触犯刑法。在实际工作中，需要审批工作人员仔细、认真地查询公开网站，做相应的核实。

案例解析

恶意转移财产——线索拼凑，信息交叉印证

李某：借款人，54 岁。

潘某：产权人，30 岁。

张某：实际用款人。

2020 年 11 月，李某申请贷款，潘某以名下位于朝阳区某高档小区的房产做抵押担保，二人非亲属关系。房产登记时间为 2020 年 11 月 10 日，网签合同中出卖人为王某。李某解释本人为此套房产的实际拥有人，因资质受限，目前由潘某代持。实勘专员在尽调过程中发现房屋目前有人常住，屋中挂有张姓小

孩的奖状，对此李某未正面回复。

订单流转至审批岗位，系统提示此套房产曾于2020年6月申请预评估，当时产权人为张某，结合实勘专员反馈的异常信息，审批人员引起警觉。通过第三方数据查询得知，张某（实际用款人）名下有矿业公司；而李某征信则显示，其曾在某矿业公司（即实际用款人名下矿业公司）任职，本人也描述从事矿产品贸易，与查询的张某吻合。该矿业公司于2019年8月被债权人申请破产清算，2020年8月某商业银行申请执行该矿业公司，偿还3.4亿元的到期债务，张某对该笔债务承担无限连带责任。

分析：实际用款人为张某，因个人即将成为被执行人，故通过虚假交易将房产过户至王某名下。为避免网签合同中关联自己，所以短期内又将房产过户至潘某名下，并指使李某作为借款人。张某的行为属于恶意转移财产，逃避执行。

对于近期已有未决执行、涉诉、失信情况的借款人，其贷前、贷后的个人风险都极高。历史涉诉信息也是需要重点关注的。个人涉诉种类繁多，在小微企业贷款中，金融机构重点关注借款相关人员的刑事案件、民事案件中的借贷纠纷等。通常自然人涉及的刑事案件不论影响大小，其性质都很恶劣，会被所有金融机构拒绝。借款人涉及借贷纠纷是贷款业务中较为常见的情况，审批人员针对每一笔纠纷都需要完整梳理从立案到一审判决、二审判决、执行裁定、终结执行裁定等的审理过程，并仔细查看历次判决中关于事情经过的描述、法院的认定等，从中不仅能判断借贷的性质，还能在一定程度上了解借款人的还款意愿、还款能力、经营状况等。

借贷纠纷根据贷款机构的类型可大致分为两类：金融机构借款纠纷和民间借贷纠纷。金融机构开展业务过程中，受到银保监会的监管较严，尤其是银行，其产品的利率、还款方式、违约责任等重要条款都相对合理。借款人若涉及与金融机构尤其是银行类金融机构的借款纠纷，通常表明借款人处于“想还确无能力还”的境地。民间借款参与主体是自然人和无金融牌照的企业，其借贷行为的合法性和合规性管理相对宽松一些，发生纠纷的概率较高。当借款人涉及民间借贷时，审批人员需高度警觉。如借款人是原告，审批人员应从裁判文书中关注放款的对象、数量、利率、违约金等信息，判断其是不是职业放贷人，是不是放的“高利贷”。如借款人是被告，审批人员要根据其借款的金额、时间、利率、发生纠纷的原因等，综合分析其契约精神、还款能力，以及资产面临查封、执行的概率。国家近些年为维持金融稳定，加大了对民间借贷的监管力度，借款人如涉及上述情况，极有可能面临刑事处罚。

《民法典》第六百八十条规定：“禁止高利放贷，借款的利率不得违反国家有关规定。”所谓“职业放贷人”指的是从事高息放贷，即民间俗称的“放高利贷”的个人，或是资金实力强但挂着投资担保公司的名头，向个人或企业从事民间放贷的个人。

案例解析

高风险禁入行业

杜某1：借款人。

杜某2：借款人父亲。

杜某1名下有多家公司，涉及医疗、基因检测、环保等方面。杜某2是某P2P公司法人，未占股，杜某1间接持股8%，此公司目前是被执行人，涉1笔案件，金额7万元。此P2P公司成立时间是2014年，2015年开展业务。查询杜某1名下公司均为2015年左右成立。

判断：杜某1生意是借助P2P公司资金开展。目前P2P公司虽无大规模违约，但已出现暴雷迹象。杜某1、杜某2作为公司股东、高管，涉诉风险较高。

职业放贷人这一群体由于其准入门槛低，部分个人或单位的风险控制和法律意识淡薄，往往伴随着高利贷、非法吸收或变相吸收他人资金、暴力收贷等违法犯罪行为。职业放贷人的这些行为不仅扰乱正常金融秩序，有损借贷人的合法利益，而且严重影响了司法公信力。为避免职业放贷人利用诉讼程序将非法利益合法化，有效应对此类案件，规范金融秩序和诉讼程序，高利放贷必然要被禁止。国家有关规定的主要目的是为规范职业放贷现象，打击“套路贷”、高利转贷、非法集资等涉嫌违法犯罪的贷款行为，促进社会经济健康发展。

《最高人民法院 最高人民检察院 公安部 司法部关于办理非法放贷刑事案件若干问题的意见》提出：“违反国家规定，未经监管部门批准，或者超越经营范围，以营利为目的，经常性地向社会不特定对象发放贷款，扰乱金融市场秩序，情节严重的，依照《中华人民共和国刑法》第二百二十五条第（四）项的规定，以非法经营罪定罪处罚。”前款规定中的“经常性地向社会不特定对象发放贷款”，是指2年内向不特定多人（包括单位和个人）以借款或其他名义出借资金10次以上。

（4）征信报告

征信报告是中国人民银行为个人或企业建立的信用档案，依法采集、客观记录信用信息，也可以说征信就是一个人的个人经济身份证。想利用好个人征信报告，首先应该了解征信信息的来源。

征信报告第一栏是征信主体的姓名、身份证号、打印地点及打印时间，打印地点只能是中国人民银行营业网点和拥有自助打印机的授权商业银行网点。第二栏信息是主体的基础信息，包含性别、年龄、学历、婚姻状况以及通信地址和信息采集机构。第三栏信息是历史居住地址、居住地获得方式（自置、租住等）、更新时间以及数据采集机构。第四栏信息是主体的历史工作单位、单位性质、单位地址、单位电话，以及主体职业、单位所属的行业、主体职务、进入单位时间、信息更新时间，由近至远排列。第二、三、四栏信息通常为主体申请办理贷记卡或贷款时所提供给银行的信息，可以作为参考，但存在滞后性和误差。

第五栏信息是主体首次贷款、按揭、办理贷记卡的时间。第六栏信息是主体在金融机构贷款和贷记卡逾期的账户数、逾期月份数、最高逾期金额。第七栏信息是未结清贷款的账户数、总额、余额、月还款。第八栏信息是信用卡的发卡机构数、授信总额、单家最高授信金额、已用额度、平均使用额度。第九栏信息是对外担保信息。第十栏信息是征信查询次数统计。第十一至十三栏信息依次是所有发生过贷款的账户详情、所有申请过贷记卡的账户详情和对外担保详情。第十四栏信息是公积金缴存信息、税务、其他生活费用缴存记录。第十五栏是机构查询明细和本人查询明细。第十六栏是征信信息的解释。从第五栏开始，所有信息都是金融机构、其他政府机构记录并上传，信息可靠程度极高。

在贷款审批中，金融机构通常关注借款人的负债信息。第六至十栏信息是对主体负债情况的总结，直观展示了逾期总数、当前负债和或有负债的总额以及近期的贷款申请记录。贷款账户详情包括发放贷款机构、起止时间、总额、余额、贷款类型、担保方式、当月应还实还金额、账户状态以及近五年的每月的还款记录，全面反映了每笔贷款的信息。

其中账户状态和逾期记录是各类贷款产品都严格限制的要点，账户状态只有“正常”“关注”方可能通过审批，“次级”“呆账”“损失”全部被限，关于逾期记录各类产品差异较大，如银行类的“连三累六”严格要求，信托、小贷类的“连五累十”较为宽松的要求。账户状态反映金融机构对主体信用的态度，而还款记录是主体信用情况的直接展现。贷记卡账户详情与贷款账户详细基本一致。金融机构对于个人征信报告的审核多数浮于表面，只根据产品的要求判断是否“超六”“超十”等，而不深入分析其背后反映的信息。例如，一个借款人征信两年内累计逾期六次，六次逾期均发生在近半年；另一个借款人征信两年内累计逾期七次，逾期主要发生在一年前，二人其他情况相似。第一个借款人征信通常能通过大部分银行的审核。但第二个借款人征信往往无法通过多数商业的审核，但在从业人员看来，第一个借款人目前的财务状况极差，违约概率远远高于第二个借款人。所以征信记录的负债信息只能是历史信息的记录，审核更应该从中分析借款人的财务状况的变化以及判断其贷款期间的状况。

另外，查询记录也是很多金融机构比较关注的点，根据其申请贷款的机构类型、时间和未结清贷款做对比，统计其通过审批和未通过的情况，了解金融机构对其的认可度，可以全面判断主体的信用水平和资金情况。

个人征信报告中基础信息、居住地信息、工作单位信息、费用缴存记录往往被多数金融机构忽略。通过与实勘收集的信息做对照，做多头查询能更加全面地了解借款人，排查掉许多未知的风险。

由此可见，征信不仅仅反映了借款人的婚姻状态、学历、联系方式等基本信息，还可以反映借款人的负债信息，包括借款人在哪家银行办理了贷款，贷了多久、贷了多少、月还款多少、贷款期间的履约能力，以及信用卡欠款、电信欠费、欠税记录等。在银行或金融机构中，征信是授信的先决条件，也是公务员入职/升职的考核条件。

除了以上信息，审核工作人员还可以从征信中获取许多其他信息：居住信息反馈借款人的房产或其他财产线索；工作单位信息，缴纳公积金等反馈工作稳定性；借款人的学历、文化水平决定其素质和修养，对还款意愿也是个基本判断；历史借款的履约能力，可以看到历史借款的逾期金额、时长、次数，从而判断借款人的还款习惯、还款能力等。还可以从机构及本人查询征信的记录及查询原因上判断借款人的资金急迫度，是否近期大量的申请借款，但若新增大量银行或机构的贷款审批查询记录，却无新增借款，需注意考量借款人是否有其他未发现的隐藏风险导致其他机构未与批贷。也可以从基本信息中的婚姻状态，与户口本、婚姻材料、尽调反馈信息做交叉核验。

当然除了个人征信还有企业征信，企业征信是了解用款公司的信用状况的重要资料，企业征信包含：企业名称、注册地、注册时间、高管人员信息（有时也会显示总经理或财务的信息），也会反馈有直接关联关系的其他企业和个人，需重点关注企业的负债变化历史。负债历史是一个企业融资的过程，是判断企业资金需求的重要方式。通过企业及个人征信报告可以综合了解借款人经营的真实性、负债率、履约能力等因素，综合了解企业主的经济实力，确定其还款能力。

（5）公司经营状况

对于小微企业抵押贷款，公司是贷款的经营主体，在实勘尽调环节，通过面谈了解了公司经营的一些细节。审批环节则侧重于对公司的工商、负面、财务报表、流水的全面审查以及结合实勘反馈做出综合判断。工商信息、负面信息目前可以借助天眼查、企查查等三方数据平台进行查询。工商信息需要关注几个重点：公司成立的时间、注册资本、实缴资本、经营范围、股权结构、借款人与公司关系。

真实经营的公司，成立时间长的相对于成立时间短的，业务可能更加成熟，不确定风险相对较小。注册资本和实缴资本一方面反映了股东的经济实力，另一方面也反映了股东个人未来的潜在负债。经营范围反映了企业业务活动内容和生产经营方向，是企业业务活动范围的法律界限，体现企业民事权利能力和行为能力的核心内容，可以通过与实勘收集的经营细节进行对比，验证经营的真实性。

而且，如经营范围中涉及投资、房地产开发、煤炭、钢材等贷款限制行业，也需核实有无经营实际业务。股权结构是公司治理机制的基础，它决定了股东结构、股权集中程度以及大股东身份，它会导致股东行使权力的方式和效果有较大的区别，进而对公司治理模式的形成、运作及绩效有较大影响。小微企业的股权结构通常比较简单，多数为 2~3 人的自然人股东，只需关注对公司有重大影响的股东即可，但也存在一些小微企业股权结构特别复杂，法人股东需向上穿透多次才能全面了解公司股权结构和实际控制人的情况，此时需关注其关联公司的情况对借款人及借款企业的影响。借款人的入股时间、占股比例佐证借款人是否参与真实经营，从而反馈借款用途是否真实用于公司经营。

（6）抵押物审核

抵押物主要审核房产的产权、价值情况。在前文中也提到小微企业贷款中，房产也就是担保物是贷款人最后的保障，所以房产的确权、价值的认定也是每笔贷款业务中需要重点核查的部分。

a. 房产的产权审核

《民法典》第二百零九条规定："不动产物权的设立、变更、转让和消灭，经依法登记，发生效力；未经登记，不发生效力，但是法律另有规定的除外。"第二百一十七条规定："不动产权属证书是权利人享有该不动产物权的证明。不动产权属证书记载的事项，应当与不动产登记簿一致；记载不一致的，除有证据证明不动产登记簿确有错误外，以不动产登记簿为准。"不动产权的物权以登记发生效力，以登记簿中的登记事项为享有不动产物权的证明，但夫妻共同财产发生争议时，又以《民法典》为准；加之取得物权的方式多种多样，继承、赠予、购买、离婚分割等，都是常见的合法的转让物权的方式。一笔小微企业借款在贷款人看来是否可操作，违约后是否可收回剩余贷款，审核时的确权就极为重要了，十分考验审核人员的法律知识储备。

就拿继承的房产来说，主观意义上的继承权是指当法定的条件（即一定的法律事实）具备时，继承人对被继承人留下的遗产已经拥有的事实上的财产权利，即已经属于继承人并给他带来实际财产利益的继承权。这种继承权同继承人的主观意志相联系，不仅可以接受、行使，而且可以放弃，是具有现实性、财产权的继承权。继承权的实现以被继承人死亡或宣告死亡时开始。在小微企业贷款中，涉及更多的是《民法典》中第一千七百二十七条中关于遗产继承顺序的规定。若审核的押品为继承所得，需确定是否有其他继承人，相应的继承人是否放弃继承权，是否有隐藏的未知继承人等，这些都需要仔细核查。严格来说，借款人需要提供相应的继承公证书、被继承人的死亡证明、户口本等资料，以佐证产权的清晰。

案例解析

潜在清退风险

马某：借款人/产权人。

马某个人征信较好，流水体现的经营收入较为可观、稳定。房产原始产权人为马某父亲，其父亲去世后，马某和其母亲各继承50%份额，近期其母亲将50%份额赠予马某，目前房产为马某单独所有，其母亲居住。实勘尽调过程中，未见其母亲，且屋内尽调较为仓促，面审过程在附近咖啡厅进行。

分析：马某母亲不知晓借款一事，后期如出现违约，腾房难度较大。应对措施：要求马某母亲录制视频，认可此笔抵押借款。

赠予也是取得不动产物权的一种方式，赠予行为一般要通过法律程序来完成，即签订赠予合同（也有口头合同和其他形式）。法律术语称这种合同为诺成性合同，顾名思义就是只要“承诺”就可以“成立”。基于该合同的诺成性，赠予人做出意思表示时，受赠人虽未实际取得但将来可以取得，该财产也可成为赠予合同的“标的”。

赠予是指既不需要付息也不需要还本，是“标的”的单方面转移。小微企业贷款业务中遇到的赠予取得的房产多为直系亲属赠予，即父母或祖父母赠予给子女，子女作为小微企业借款的用款人，去银行或金融机构申请借款。

因《民法典》第一千一百四十二条规定赠予人可以撤回、变更自己所立的遗嘱，即赠予人在赠予财产的权利转移之前可以撤销赠予。所以目前市面上大多机构或银行不操作涉及此类担保物的贷款。但部分金融机构的风控人员认为仍可操作。赠予取得的担保物的风险点无非在于赠予行为可撤销，一旦发生违约，在执行或处置房产时，赠予人可提起执行异议，拖延处置周期，增加处置成本。但这在实际审核中可通过增加必要的风控措施来解决，比如，要求赠予人为借款做担保，赠予人公证赠予协议，并在公证时一同签署知晓并认可被赠予人的借款行为的声明，可大大降低违约发生时的处置风险及成本。

案例解析

赠予的法律效力

张某1：借款人/产权人。

于某：借款人母亲。

张某2：借款人父亲。

房产为于某在婚内购买，登记在个人名下，单独所有。2020年3月，于某和张某1签署“赠予协议”，约定将于某持有的此套房产100%的份额赠予张某1，同日，在不动产登记中心办理转移登记手续。3日后，张某向某商业银行申请抵押贷款。张某2对于房产过户、申请抵押贷款不知晓。

于某取得的该房产属于夫妻共同财产，处置该房产，需张某2同意。实际操作中，不动产登记中心只认可房产证上登记的产权人，所以于某可以单独将房产赠予他人。上述赠予行为虽不能对抗善意第三人（抵押权人），但张某2可提出执行异议，延缓处置进度。应对措施：此笔抵押借款，追加于某和张某2为保证人。

《民法典》第一千零六十二条规定：夫妻在婚姻关系存续期间所得的下列财产，为夫妻的共同财产，归夫妻共同所有：①工资、奖金、劳务报酬；②生产、经营、投资的收益；③知识产权的收益；④继承或者受赠的财产，但是本法第一千零六十三条第三项规定的除外；⑤其他应当归共同所有的财产。

夫妻对共同财产，有平等的处理权。

夫妻双方协议离婚后请求变更或者撤销财产分割协议的，应在协议离婚后一年内提起诉讼。

离婚时，一方隐藏、转移、变卖、毁损夫妻共同财产，或伪造债务侵占另一方财产的，离婚后，另一方发现有上述行为，有权请求再次分割夫妻共同财产。请求再次分割夫妻共同财产的诉讼时效为两年，从当事人发现之次日起计算。

男女双方协议离婚后就财产分割问题反悔，请求变更或者撤销财产分割协议的，应在协议离婚后一年内提起诉讼。

离婚时有夫妻双方都知道的共同财产未分割，离婚后要求分割的。

对共同财产要求分割的权利是基于物权产生的权利，但又不同于一般的物权。要求分割时，如共同财产的在离婚双方或一方掌控下，可以基于物权要求分割共同财产，不应受时间的限制。

如要求分割时，共同财产已经不受双方或一方掌控，就演变成一方向另一方要求赔偿的债权，应自知道或应当知道权利受到侵害时起两年内起诉，否则丧失胜诉权。

双方婚后购买一处房产，这属于共同财产。如离婚时未对房产分割，房产一直由男方居住使用，离婚后若干年，女方要求分割，就不存在时效的限制。如房产已经被男方卖掉，女方只能要求分割卖出房产后的房款，但对要求分割房款的请求权只能在知道或应当知道男方卖出房产后两年内行使，否则丧失胜诉权。

那么在审核时当前婚姻状态为离婚的客户，审核人员要重点关注离婚协议或民事判决书中是否对担保物的归属做出明确叙述，是否明确为婚前财产或为婚内共同财产，若产权分割不清加之担保物属于婚内共同财产，那么借款人将担保物用于企业借款，属于侵害另一方财产。如果另一方以此为由提起诉讼，将对这笔出借业务造成严重的风险，就算另一方未因侵害财产提起诉讼，也可能在发生违约后，需要处置担保物时，借款人与另一方“携手”对执行提起执行异议，从而增加违约处置成本、时效。审核时想要需规避此类风险，就要在放款前期要求借款人增补或签署相应的资料，如办理房屋析产公证，前配偶出面到公证处重新签署协议，明确产权归借款人所有，且对于担保物的处置无异议。

房产的取得方式以及确权手段多种多样，这里不做过多赘述。另外，房产的价值认定也极为重要，这关乎于贷款人在出现违约时金融机构是否可以收回成本，也就是做到不亏本。在专业的资产评估中，评估办法一般有包括收益现值法、重置成本法、现行市价法、清算价格法等。针对不同资产，评估人员可以选择对资产价值形成影响较大的因素作为对比指标，形成比较参数体系，多方面对比，使主要因素得以全面反映。

b. 房产的价值评估

对于小微企业贷款中房产的价值评估，多用现行市价法，即利用参照物的交易价格，对评估对象的某一或若干特征与参照物的同一及若干特征直接进行比较，得到两者的特征修正系数或特征差额，再在参照物交易价格的基础上进行修正从而得到评估对象价值的方法。市面上多数提供小微企业贷款的机构都有自己的价值算法，但多采用以下几类数据作为数据源：①专业的评估机构估值；②法拍成交价格；③二手房或新房当前时点或近期的一个市场价及成交价格。再结合各自的侧重点进行不一样的估值算法，从而得到担保物的价值，确定可放款金额等。

影响二手房成交的因素有许多，但最终会在二手房的价格上有所体现。押品、担保物的状态各种各样，审批人员需要仔细查看实勘专员回传的担保物实际现状的视频及照片等影像资料。房产的装修、位置、楼层、朝向、交易税费等因素直接影响房产的价值，在价值认定时需综合判定。

影响二手房评估价的首先是区域因素，主要包括小区地段、交通条件、周边环境、配套设施、未来发展前景及环境污染等。其次是房屋自身因素，主要包括建筑年代、楼层、朝向、户型格局、房屋装修、通风采光、物业类型、燃气状况、得房率等。最后，还有市场因素和心理因素等。房产评估应参考的要素：所在小区的均价，以及小区内类似房屋的挂牌价和成交价，周边小区类似房源的挂牌价和成交价，所在小区和所在板块的房价走势，被估算二手房的特性，包括房型、楼层、装修、朝向、房龄、小区内位置、景观等。二手房的价格视具体的情况而定，每一套房子的价格都不一样，好的楼房形态、楼层、朝向也能够为房子相应加分。比如，顶层和底层是一般购买者不太心仪的房屋楼层，价格相对较低。小区外部环境、绿化、人文环境也是估价的重要影响因素。所出售的房产如果位于外部环境佳、绿化面积大、人文条件好的小区会比较容易得到买家的心理认可，买家会愿意多出一些费用来购买这样的房产。安静、封闭的小区，使业主的隐私生活得到保障，这样房子的价格自然也是居高不下。当然影响房产价值的因素众多，这十分考验审核人员对市场的了解程度，以及对二手房交易规则的掌握程度。

在西方经济学中，价值是由某一商品或劳务所带给购买人的效用所决定的。一个潜在的买方根据标的商品能带给自己的最大效用，决定自己愿意支付的最高价格，无数个潜在买方形成无数个最高价格，从而形成商品的需求曲线。商品需求曲线和供给曲线交汇点所代表的价格即为该商品的市场均衡价格。

在实际操作中，确定押品价值的前提是押品的流通性。那么押品是否符合相应政策可正常上市交易，才是决定押品价值的前提。就拿北京市场来说，市面上的金融机构或非金融机构，在设计产品大纲时对可准入的房产性质都是以可上市交易作为基准的。北京住房与城乡建设委员会对于可上市交易的房产、带条件可上市交易的房产都有相应的规定。以二类经济适用房为例，二类经适房需取得房屋所有权证或缴纳契税时间满五年后方可上市交易，交易时除正常商品房需缴纳的契税、个税、增值税、印花税等以外，需多缴纳一项土地出让金。缴税税率虽不高，但也增加了购房成本，所以在进行价值认定时，抵押品情况不同需缴纳的税费也需考虑到。不论是未来处置时，还是当前审核时，对押品的情况都要做到全面掌握。

审核需要考虑全面、保持敏感，所以金融机构对于审批环节通常都设计了严谨的流程和岗位操作规范，审核人员需按照规范严格执行。这样做虽然能较大程度地避免个人失误，避免扩大风险，但弊端是容易造成审批的机械化，并且即使流程设计得再严谨，也无法避免所有的风险。所以审核人员作为风控的核心，不仅需要做守规矩的“老实人”，更要做一个不守规矩的“狡猾人”。

案例解析

借贷同业从业者——要深挖借款人及相关人的司法信息

王某：借款人/产权人。

王某个人征信较好，房产品质较高，提供的公司无负面信息，且未关联其他公司。司法平台查询王某司法信息，有多个判决，匹配度仅40%。但文书中的被告和王某姓氏、出生年月、居住地完全吻合，且审判法院为王某户口所在地，综合判断该被告为借款人。文书中事实陈述中体现一家担保公司，工商查询该公司法人是王某，目前因未履行代偿义务，被合作商业银行起诉，涉案金额大约1亿元。

案件总结：司法判决需深度挖掘、交叉分析才能降低漏查概率。

审核环节应该全面审查借款人及其公司、房产的所有信息，做到交叉验证，时刻保持警惕，对任何可疑点，深究其原因。

结合审核人员的介绍与实际审核体验，我们发现其实大部分审核工作，基于大数据结合经验数据化产生的人工智能都能很好地解决。再通过API接口整合全网信息，通过技术手段在巨型数据系统中完成风险数据源的聚集。应用科技系统来提升工作效率的同时还能避免道德风险，降低人工失误出现的可能性。下面就详细介绍在哪些方面，可以进行人工智能识别，在哪些方面可以做到开源信息整合，最大限度地降低界面切换带来的资源浪费。

在以前的传统风控模式下，银行等金融机构依靠自己的人力资源进行人工风控审核。依据之一是中国人民银行征信中心的个人及企业的征信报告，通过征信报告直观反映客户的信用风险；另一依据就是信用审核人员的主观经验判断，这对整个风控审核起到重要的影响，成为是否能放款的重要依据。

由于众多小微企业都有发展需求，在发展过程中越来越多的小微企业主面临资金需求时，能想到最直接的解决办法就是金融机构融资。但金融机构现有的风控能力已经无法匹配日益增长的业务种类，同时也出现了时效性等更多的要求，传统风控的问题源源不断地暴露出来：审批效率过低、人力成本过高，以及我国存在大量的“白户”，即从未和银行产生过业务往来的个人客户，太多有金融借款需求的群体没有被征信覆盖，“误杀”白户的情况数不胜数。小微企业的贷款又过于依靠银行或金融机构的业务经理的尽职调查，依靠人力的同时监控的风险又很片面，风险数据单一。当这些问题同时出现时，银行和金融机构的市场竞争力就会大幅下降，被贴上“门槛高”“审批慢”等负面标签。

近年来，金融科技高速发展（不同时期的发展特征如图 3.5 所示），大数据、区块链、人工智能、云计算等技术趋于成熟，金融科技对于传统风控的解决方案也丰富了起来。在风控领域，金融科技风控被广泛提起，尤其细分到信贷、在线支付、共享等领域，已成为大量金融机构及科技公司关注的重点，尤其是传统金融公司，在内部孵化技术部门的同时，不断寻求与技术公司、科技公司合作，运用场景化思维解决贷前贷中贷后不同阶段中存在的烦琐、复杂、低效的问题。

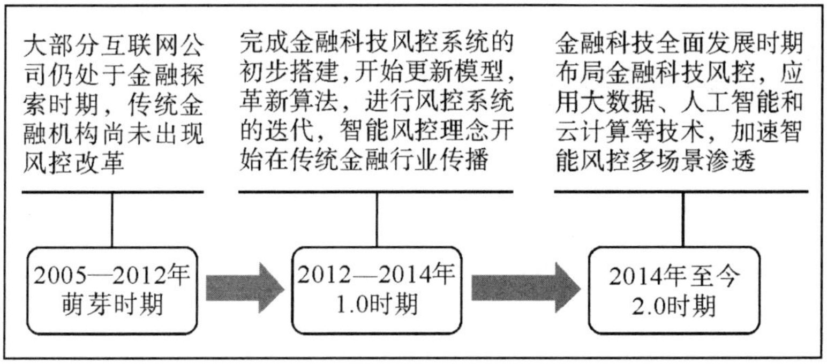

图 3.5　金融科技不同时期发展特征

借助着金融科技先进的技术优势，打造匹配金融机构的风控解决方案，能够有效降低供应链金融的风险。将金融科技赋能于供应链，就是将智能化风控技术镶嵌进业务的各个流程当中。贷前通过大数据风控建模，分析判断企业或个人的多维度风险信息，绘制企业或个人的信用模型，并按照风险等级划分归类；贷中和贷后进行风险的实时预警与监控，主要抓取司法、工商、税务、财务、失信、被执行人等多维度信息，及时评估客户风险变动，随时调整贷后策略。金融机构可利用大数据技术来打通以往的数据孤岛，加入工商、司法、押品监控等多维度数据支撑，结合相关算法，对业务每个环节进行测算，实现主动风险预警。

▷第四节　流程化作业时效改进

当小微企业主产生资金需求时，由于企业经营规模较小，企业主自身资质普通，无法从银行获取传统信用类经营贷款，只能选择抵押类经营贷款。近几年，因为整个房地产市场蓬勃发展，房价持续上涨，所以房产成了银行等金融机构最为青睐的抵押品。

1. 流程概述

目前，多数金融机构小微企业房产抵押贷贷前流程如下：

（1）初评

小微企业主提供本人或直系亲属名下的房屋所有权证给金融机构做预评估。金融机构收集二手房交易数据以及三方评估机构数据，运用数据模型，结合房屋区位、面积、楼层等因素，给出房屋市场估值，并结合产品大纲出具预计可批贷值，即企业主可以拿到的贷款额度。

（2）实勘

金融机构人员收集资料，包括借款人的基础资料：身份证、户口本、婚姻资料、征信报告等；抵押物资料：房屋所有权证、购房合同等；用款企业资料：营业执照、公司章程、财务报表、经营流水、上下游合同、股东会决议等。抵押物实勘尽调：采集抵押物的照片；收集房屋的户型、朝向等客观信息，观察抵押物的现状，走访周边中介，了解抵押物的市场交易情况，如关注度、成交量、换手率、隐藏瑕疵等。经营场所尽调：观察企业经营现状、人员规模。与借款人在抵押物或经营场地内实地面谈，了解借款人的基础信息、借款用途、资金规划、还款来源等。

（3）审核

金融机构人员审核借款人的信用、司法负面、舆情等信息；分析公司的经营现状，贷款用途的真实性，对还款能力做综合评估；判断抵押物的产权清晰度，综合评估机构、法拍、二手房交易确定最终房屋价值；根据现有调查资料出具审批结论包括但不限于批贷金额、期限、利率、担保、还款方式、批复条件等。金融机构出具批复通知书后，审核工作已完成大半，订单开始进入后续环节。整个过程通常由金融机构客户经理主导完成。大部分金融机构对整个过程重视度不高，通常会安排经验较少的客户经理完成，但客户经理的专业程度以及细节处理往往又影响着订单成败、风险控制、贷后管理的难易程度。

（4）面签

借款相关人员签署贷款相关材料，办理放款卡，与金融机构签署借款合同、抵押合同、保证合同等。所谓面签，就是金融机构与借款人面对面签署贷款相关合同和文件。签署的文件中主要包含面谈记录、贷款用途声明、个人信息的确认、资料真实性承诺等，该类文件的作用是保障金融机构的利益，证实金融机构在贷款审批中尽到了自己的职责，避免在贷款出现违约后借款人举证金融机构贷款流程的瑕疵。除了保证文件签署的完整性，还应该注意签约过程的合规，如签约地点尽量选择在金融机构的营业网点，客户经理应该出示工作证件，整个过程应录像留档，在保证流程规范的同时给借款人留下较好的印象。

（5）公证

对本次贷款签署的相关合同赋予强制执行效力。根据《中华人民共和国民事诉讼法》（以下简称《民事诉讼法》）第二百三十八条规定，对公证机关依法赋予强制执行效力的债权文书，一方当事人不履行的，对方当事人可以向有管辖权的人民法院申请执行，受申请的人民法院应当执行。公证债权文书确有错误的，人民法院裁定不予执行，并将裁定书送达双方当事人和公证机关。公证赋予合同强制执行的效力，当贷款发生违约时，债权人可以跳过诉讼环节，直接申请执行，这缩短了贷后处理的时效，是对债权人利益的强有力的保障。但《民事诉讼法》中也规定了公证债权文书确有错误的，人民法院可以裁定不予执行。公证机关作为受司法行政部门管理的事业单位，其业务流程比较规范，但实际业务各家公证处、公证员对于细节的处理还是存在较大差异的，所以对公证机构、公证员的选择也非常重要。公证时公证员会确认贷款行为是否是借款人的真实意愿、房屋产权是否清晰、婚姻情况是否属实。公证是金融机构风控的有效补充。在现实案例中，有很多借款人被骗，但由于公证人员及时发现了某些非法行为，借款人和金融机构得以避免损失。

（6）抵押

在不动产登记中心办理抵押房产的抵押登记手续。根据《民法典》第二百零九条规定，不动产物权的设立、变更、转让和消灭，经依法登记，发生效力；未经登记，不发生效力，但是法律另有规定的除外。所以完成抵押登记才能保障抵押权人的权益。办理抵押登记之前，通常需要进行查档，确认房产目前是否存在查封、抵押顺位等。抵押登记从申请到办理完成需要一定时间，只有取得“他项权利证书”才能证明抵押登记完成。部分信托、小贷公司展业中为缩短时效，在取得“抵押登记受理通知书”后即向借款人发放贷款，承担了较大的风险。如果期间房产被查封，则抵押失败，抵押贷款变成了信用贷款。

（7）放款

金融机构将借款合同中约定款项划入借款人账户，或将款项划入借款人委托支付的账户，完成放款义务。放款环节是整个贷前环节的最后一关，需对审批环节查询的信息做一次复查，检查有无新增风险，特别是有无新增诉讼、执行等信息，还需对审批环节要求的放款条件一一落实。

2. 时效的改进

由于金融机构人员规模的限制，借款人对贷款产品要求的不了解，传统的小微企业抵押贷款需要大量的反复沟通，从申请到放款，需要约一个半月的时间。近些年因为政策的引导，金融机构大力发展小微企业抵押贷款，伴生了大批的金融中介机构和金融科技类公司。金融中介机构寻找意向客户，并进行初步的筛查，分担了金融机构的揽客和审批的压力。金融科技公司为整个业务定制业务工具，大大降低了沟通的成本，提高了工作时效。目前，以北京为例，小微企业抵押贷款从申请到放款，最快 2 个工作日可完成。

利率更低的银行产品为何在市场中竞争力不足？人们为什么更趋向于通过网络方式进行融资？相较于网络贷款产品，银行的抵押类贷款有三点明显的劣势：

第一，小微企业申请抵押贷款，对抵押物的风控审核相当严格。

第二，对信用要求较高，企业及企业法人或个人要有较高的征信记录，否则很难过审。

第三，在银行申请贷款业务需要办理及准备的手续太多，流程长且烦琐。

但伴随金融科技的发展，这些传统模式中的缺点也都有了合适的解决方案，前两点问题已在上文的金融科技风控中有了匹配的方案，本节侧重讲述金融科技的发展如何解决第三点问题。

在大数据建设风控模型、OCR、知识图谱、区块链、生物识别、NLP、RPA 等技术的应用驱动下，我们已经能将风控流程时长极大缩小，很大程度上解决了时效性的问题，但为了提升更高的市场竞争力，我们还是要进一步提升时效性，在保证风控精细化的同时进一步压缩风控后续的线下权证流程时间。

在传统业务中，内部完成对客户及抵押物的风控评估后，等待银行审批，之后抵押、公证到放款，这段线下流程难以监控又存在严重的信息不对称，导致贷款时效难以保证，从而可能造成客户流失以及贷款群体满意度下降。为了解决这段非标准化的流程，我们的产品设计团队结合多样化的业务场景梳理出一套适用性较强的业务流程。我们团队确定需求后，开始了为期三个月的研发，终将碎片化、非标准化的线下业务完全迁移至线上，进行标准化、模块化的管理。

每一阶段都有标准的流程，有助于时效监控和进度可视化。系统不仅解决了整个融资流程的时效性问题，也提升了内部管理能力，信息碎片化程度高、统计口径不标准、海量信息难收集等问题得到了有效解决，同时客户可以在前端追踪全流程进展（如图 3.6 所示），很大程度上有效解决了客户、客户关系团队、金融机构之间信息不对称的问题。

系统使得单笔业务的每一步操作都有记录，每一阶段都能可视化追踪。同时，系统实时分析、处理并可视化业务进展、资产状态、企业收益等指标，如同企业经营“仪表盘”，为企业在瞬息万变的市场中提供精细化管理的可能性，同时透过外围子系统的支持，大大提高企业商业整合能力，重塑资产价值（可视化数据大屏展示如图 3.7 所示）。

图 3.6　客户订单进度展示

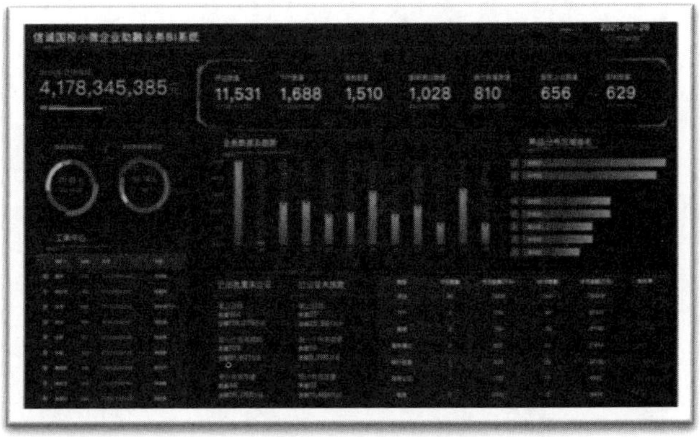

图 3.7　可视化数据大屏展示

第三章部分图摘录

第四章

贷中管理和贷后处置

通常情况下，小微企业借款的理由大多为增加流动性资金或因固定资产投资挤占了原有的流动资金，所以产生了借款需求。这从概念上可以统一概括为因为小微企业的投资行为驱动产生了借款需求。

从动态角度看，企业的成长与发展是由企业的投资行为驱动的，也正是因为企业的种种投资行为才产生了借款需求。处于不同成长阶段的企业有着不同性质的投资行为，过于保守的投资会错过成长良机，过于激进的投资又容易产生经营风险。本章假设小微企业主体借款时的初衷都是为了成长与发展，秉承着按期还款的意愿，但因外部环境因素或经营决策的影响而导致了借款人触发违约。

股神巴菲特曾经说过：Only when the tide recedes will you know who has been swimming naked。这句话的意思是：只有潮水退去，才能分辨出来哪些人是在裸泳。巴菲特原意可能是在强调价值投资的重要性，但在违约债权的管理市场中，这句话同样极具参考意义。在债权市场的业务开展过程中，人们往往过于强调贷前风控的重要性，但却经常忽略对贷中管理和贷后处置的归纳总结也有极高的参考价值。

2019 年 7 月底，随着金融机构线上化系统的广泛应用，某地方资产管理公司委托我们团队，针对化解违约业务及违约处置业务，定制化开发一款流程化业务管理系统。为了使系统的实用性与操作的便捷性有效结合，我们经历了为期半个月的一线场景式体验，梳理并记录了问答形式的业务备忘录。下文除了对业务常见问题进行归纳和整理外，重点是介绍贷中管理的违约化解业务与贷后不良的违约处置业务，并阐述在传统作业模式基础上如何借助金融科技进行系统化改良。

▷第一节　数据结构化辅助化解违约

违约债权，即借款人申请的贷款到期后无法归还本金，或者贷款未到期期间未还息费，导致客户在本次贷款违反借款合同条款。违约债权按照逾期日期分为不同级别，在征信中常将其分为五类：正常贷款、关注贷款、次级贷款、可疑贷款和损失贷款。

正常贷款：借款人能够履行合同，一直能正常还本付息，不存在任何影响贷款本息及时全额偿还的消极因素，银行对借款人按时足额偿还贷款本息有充分把握。贷款损失的概率为 0。

关注贷款：尽管借款人有能力偿还贷款本息，但存在一些可能对偿还产生不利影响的因素，如这些因素继续下去，借款人的偿还能力将受到影响。贷款损失的概率不会超过 5%。

次级贷款：借款人的还款能力出现明显问题，完全依靠其正常营业收入无法足额偿还贷款本息，需要通过处分资产或对外融资乃至执行抵押担保来还款付息。贷款损失的概率在 30%~50%。

可疑贷款：借款人无法足额偿还贷款本息，即使执行抵押或担保，也肯定要造成一部分损失，只是因为存在借款人重组、兼并、合并、抵押物处理和未决诉讼等待定因素，损失金额的多少还不能确定。贷款损失的概率在 50%~75%。

损失贷款：指借款人已无偿还本息的可能，无论采取什么措施和履行什么程序，贷款都注定要损失了，或者虽然能收回极少部分，但其价值也是微乎其微。从银行的角度看，也没有意义和必要再将其作为银行资产在账目上保留下来，对于这类贷款在履行了必要的法律程序之后应立即予以注销。其贷款损失的概率在75%~100%。

案例解析

2016年3月，由谷歌（Google）旗下DeepMind公司开发的阿尔法围棋人工智能机器人与围棋世界冠军、职业九段棋手李世石进行围棋人机大战，以4：1的总比分获胜。后与围棋世界冠军柯洁对战，又以3：0的总比分获胜。一时间“机器人取代人工”类似标题的文章不胫而走，引起了群众的激烈讨论。

由阿尔法的发展水平受到启发，全力发展的金融科技方面也希望能用技术手段代替人工作业，力图通过大数据集合与结构化手段重建全民信用体系。在此不过多对比实现数据化整合后可能带来的便利与危害，单就技术的可行性方面进行讨论。那么，在化解违约业务中，能否做到人工智能作业呢？

我们都知道人的左右半脑有着不同的分工，左半脑负责逻辑、分析、推理等抽象性的理性思维，右半脑负责情感、直觉、艺术等感性思维。迄今为止，优秀如阿尔法之类的人工智能机器人的所有深度学习，不过是在无限模仿人类左半脑的思维模式。想要通过现有技术，模仿人类大脑神经传递的效果，达到机器人主动学习、独立判断的水平，恐怕还有很长一段路要走。

传统化解违约的方式是从业人员通过海量的数据线索，基于日积月累的经验，再辅之与债务人数次的有效沟通，才能判断债务人当前违约的真实意图，对症下药制订专属的处置方案。在这一系列的工作流程中，无论是检索方式，还是重点信息和核心思想的判断能力，量化工作后的每一个时间节点，都需要以从业人员的主观判断作为后续工作开展的前提条件。那么在实操工作中，技术到底能为团队效率提升起到哪些作用呢？

想要回答这个问题，我们可以从结果出发，我们的目的是为了得出如何进行处置，并设置好处置方案。那么我们就需要对做出处置方案前的所有准备工作进行详细的分拆，从而做出判断。为了掌握债务人的真实状态，除了需要筛查贷前阶段我们已经掌握的重点信息，还需要对债务人当前情况进行整理，包括但不限于司法情况、工商情况、家庭关系情况等，然后基于整理后的数据结果，通过业务人员的历史经验进行主观判断，得出处置方案。

既然主观判断暂时无法通过技术手段完成，那我们就尽可能通过简化客观整理和海量数据信息的人为搜索过程，来体现系统的价值。以往由于贷前风控审核和贷后处置的工作是由不同团队来完成，所以当客户出现违约情况时，贷后处置团队往往需要重新整理客户资料，还会因资料管理方式不妥而可能造成部分资料的丢失。

其实通过 API 接口技术手段，完全可以打通系统之间的读取障碍，再对特定业务组成员开放权限，这样业务人员就可以通过关键字段查询相关信息，也就避免了业务人员机械性地去做很多重复工作。对于债务人的新增状态信息，工作人员不仅需要跳转多个平台搜索海量开源信息，还需要将信息与信息的关联性进行整理，对于一个客户的新增排查，大约需要一个工作人员连续耗费两个小时甚至以上的时间。如果可以用 AI 技术手段，通过工商信息、股权结构及债务人涉及的判决文书等数据，定义关键字段、自动绘制成图谱、穿透出重要角色、鉴定人物关系、披露隐藏财产，不仅能节省大量时间，还能使线索信息更加清晰，进而辅助业务员深挖线索。具体运用技术后的呈现结果，如图 4.1 所示。下面将用贾某这一具体案例，以处置实操视角，讲述系统如何辅助贷中管理团队化解违约。

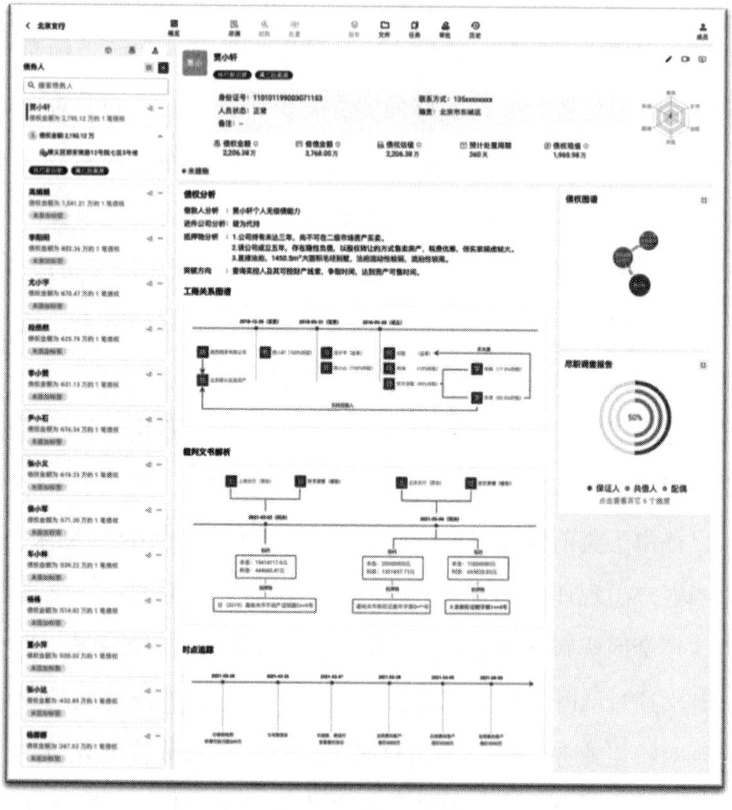

图 4.1　违约化解可视化调档界面展示

贷前风控管理人员通过已经掌握的信息进行判断，客户当前已经无任何偿还能力，由于贷前审核的疏忽，没有注意到该客户持有房产年限未达三年，所以无法在二级市场进行转卖。为了设置出针对该客户的还款处置方案，业务团队借助大数据的力量，对该客户的工商信息及司法信息分别进行全网数据抓取，系统根据预设模板对数据信息进行了结构化的整理。工商关系图谱界面如图 4.2 所示。

根据贷前风审信息的归纳整理，贷中管理团队首先判断贾某用来抵押借贷的房产为代持，所以化解此次违约贷款的重点就是查出房产的实控人。通过工商信息进行股权穿透，借助系统手段自动生成工商历史沿革，不难判断李某 2 才是该房产的实控人（见图 4.2）。掌握这条重要线索后，贷前风控管理人员就要针对李某 2 实施司法查询，深究其财产线索，判断还款能力及所处状态。

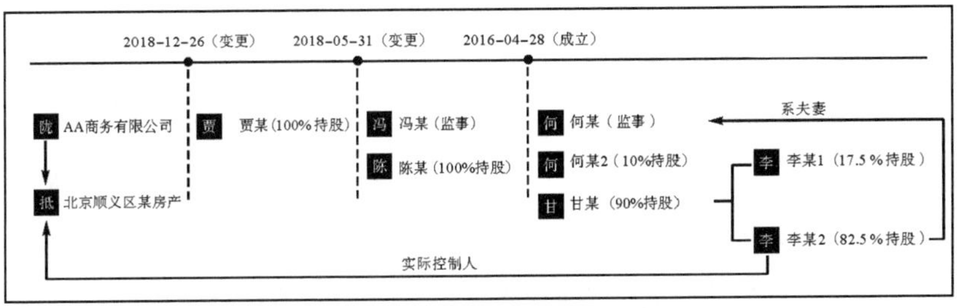

图 4.2 工商关系图谱界面展示

业务系统通过聚合公开司法审判信息数据实现数据，利用计算机语言定义查询要点及输出格式，不但清晰地检索出实控债务人当前的执行金额与名下除抵押物外的其他财产线索，而且进一步梳理出了工商信息表中各股东之间或高管之间的人员关系。掌握了实控债务人在北京有多套房产的信息，由此判断其尚有还款能力，继而与其取得联系。通过进一步沟通得知，由于债务人存在多笔金融借贷纠纷，系统追踪到的其名下房产或已法拍或正在法拍阶段。

正是通过追踪法拍进度的线索，让贷中管理团队业务人员掌握到实控债务人有 269 万元的执行款尚在法院的执行账户内，于是针对此财产线索制订相应的处置方案。

在事后复盘整理环节，为了提升数据的使用价值，保障数据信息的新鲜度，整个处置过程保证了脱敏后的公开化，业务团队针对处置过程实时更新进展（协同作业界面如下图 4. 3 所示），使经典案例形成教学示范，让后续更多的非标案件处置过程有史可鉴。

图 4. 3　协同作业界面展示

系统除了要保证处置过程中信息沟通的时效性，还要链接前中后台业务人员，使各岗位工作人员能够掌握特定客户的进展情况（时点追踪如下图 4. 4 所示），不但可以让员工掌握大局观的工作方式，还可以提升员工工作幸福指数。

业务中的重要时点，通过自定义方式，可在系统中自动生成可视化工作进展报告，这不仅可以让一线团队分清主次，合理安排工作重心，还可以让管理团队清楚当前的处置状态，从而把控战略发展方向。

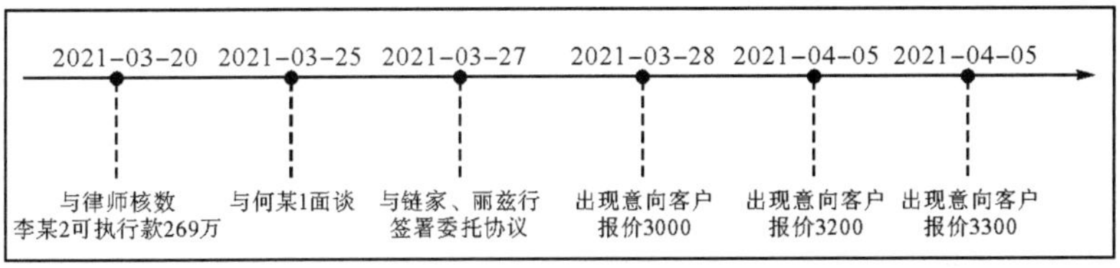

图 4.4　时点追踪界面展示

违约风险并不可怕，俗话说高收益往往伴随着高风险，只要贷后处置团队处理得当，风险就会转变为机会，当然这就对处置团队的专业性提出了更高的要求。例如，面对违约的债务人时，经验丰富的贷后处置团队往往只需要几个回合的对话，就能在脑海中设定好对应的谈判思路和处置方案，但这样的处置团队不仅培养成本很高，而且面临着极高的员工维护成本。

战略决定资源的投入方向，金融机构想要由传统的经验密集型作业方式转变为经验可视的数据化管理方式，需要决策者对自身的管理认知做出积极调整。利用互联网生态开展贷后管理工作，并不是简单地将系统开发整包给技术团队，而是需要金融机构对外获取数据，对内链接运营体系并量化风险控制模型，整个数字化过程要以流程为纲要、以数据为主导、以技术为辅助，与此同时还要调整内部组织制度，制定监管和考核体系，由此才能真正做到贷中管理违约化解的数字化管理。

第二节　精细化贷后管理，严控两率

由于贷款早期利用系统对业务进行了精细化管理，已放款客户的贷后管理有着得天独厚的管理优势。一个贷款订单实际上是一个结构化数据的集合，客户基础信息、房产基础信息、贷款过程中的操作记录，以及早期风控阶段的详细风控结论等数据都保存在订单内，这些数据是贷后风险管理的管理抓手，将有助于贷后客户的管理。同时基于这些数据（我们把这些数据定义为“元数据”），我们不仅可以通过构建风控模型探究数据间的关系，还能通过对整个业务的财务数据建模，与订单数据拟合分析，提前窥探业务风险发生的可能性，构建风控模型反哺贷前风控。当然，市场环境与贷后风险管理也是密不可分的，这要求我们在贷后不仅仅要关注贷款客户本身，还要关注以订单“元数据”作为基础所延展出的舆情数据、市场数据等订单外围数据。所有数据都有助于提高贷后精细化管理水平，降低风险发生的概率，提高风险应对能力，帮助金融机构产生新的利润增长点。

客户违约现象在很多业务经理看来是一个突发性事件，本来很优质的客户突然就违约了，业务经理往往十分头疼，但违约实际上是一个连续性事件。从违约风险预判、违约导火索引燃，到客户发生逾期还款，再到真正列为不良贷款，业务经理应对每一环节的数据进行预判并迅速反应，从而提升组织精细化过程管理水平，大幅提高业务把控能力与现金流的良性循环。

在数据层面，贷款申请审核阶段，不同部门通过不同途径都为一个贷款订单贡献了大量的结构化数据。比如，销售部门为订单贡献了借款人基本情况，如身份信息、经营信息；实勘部门贡献了大量与房产相关的数据，如是否有老人居住、是否有二套住房等；风控部门贡献了大量评价意见，如是否真实经营、贷款真实用途、违约可能性等。以这些数据作为“元数据”，通过系统分析便可获取大量参考信息。

系统基于大量“元数据”进行全网检索，并最终形成多维度全景风险画像与借款订单捆绑，通过建立风控模型，最终形成具有动态反馈机制的风险预警机制。这有助于我们在贷后管理阶段对违约风险进行预判，增强对风险的应对能力。当外部数据发生异动时，风险预警机制会向贷后管理人员播报异动情况。若发生敏感性较高的风险播报，可在第一时间进行人工干预。例如，贷款申请人新增涉诉、保证人被列为失信人等。贷后管理人员根据风险类型的不同可采取不同的应对策略，所以整个订单的管理过程，不再是仅观察订单本身，而是观察其数据的变动，分析其数据的关联性，并最终指导贷后管理。通过这样的方法，金融机构提高了违约风险预判的能力，从整体上降低了企业风险系数。

对于小微企业贷款而言，舆情管理也是贷后结构化数据管理的关键一环，这同样是基于对“元数据”的分析管理。舆情管理要掌握上下游公司的全网舆情，对涉诉及限高等司法数据进行全网检索，担保人为企业时，企业的舆情数据可能成为客户违约的导火索。人工检索不仅低效易错而且不及时，这更衬托出系统的强大。

由于贷款订单的贷后检测是一个移动数据预警机制，所以在贷款申请阶段、贷后管理阶段，我们会对这些订单保留一些导火索提示。例如，对于钢贸类企业，政策舆情可能会影响客户的还款，因此在这一类型客户的贷后管理，我们会利用系统对全网舆情数据进行检测，当发生重大变动、经营舆情时及时反馈，提早应对，从而加大对风险的把控能力。

然而对于具备一定贷款管理规模的金融机构而言，再细致的风险控制也无法彻底消灭风险，精细化管理的核心在于降低风险而非将风险消除，因而当客户发生违约行为时，我们能否快速应对并找到最优解才是关键。逾期预处置机制是指当客户发生违约行为后，一天内快速制订处置方案，三天内进行初步处置。无论是展期、拆借还是真正启动卖房还贷、债权转让等不良处置方案，这都是基于对现实情况的认知、判断和与客户建立的信任。客户逾期后，金融机构应迅速成立预处置小组，系统根据订单参与者智能推荐小组成员，并设定信息保护权限。贷后管理员默认为预处置小组的负责人，同时部门经理、业务审批过程中的审批成员、实勘专员等都被拉入该任务组，基于可共享的情况各自进行信息整理，所有经手该客户的人员各抒己见并提供关键线索，通过线上化的形式迅速整理收集已知信息。与此同时客户经理应了解客户违约的真实原因，从客户的角度提出解决方案，争取客户信任，只有充足的信任才能在此阶段消除信息不对称情况，做出正确的决策。在客户发生逾期还款行为后，大部分客户其实是具备还款能力的，在特殊阶段就需要我们为客户寻求短期过渡方案，通过与客户建立的长期信任，在市场为客户争取信用类资金，在逾期时期，最关键的是与客户建立信任关系，这需要业务经理的努力和金融机构为业务经理提供支持。逾期客户的管理颗粒度会更加细致，客户经理不仅需要海量的数据帮助判断，还应时刻准备当客户贷款真正变为不良贷款后的应对方案。

小微企业抵押贷类不良资产违约后，订单数据会自动导入不良资产管理系统，系统以债权为视角对订单信息进行重新编排，形成以债务人为视角、以债权为管理单位、以债权底层资产为评估核心三个层次的管理体系。在此阶段系统每日自动更新债权金额，并实时动态更新全网风险数据，将所有数据进行集合展示便于业务人员查询资产资料。系统内生成的二维码匹配对应密码可以通过分享二维码的形式向意向买受人披露债权情况，房产数据同步至房产平台，启动房产意向购买人。启动包括卖房还贷、债权转让、司法处置等多种处置方案的应对策略，根据财务测算和实际情况的判断予以应对。

总而言之，对贷后客户的管理，我们应该利用数据构建模型，通过系统降低人力成本提高效率，并对贷款客户进行精细化管理，提高风险应对能力，利用系统整合市场资源，提高组织业务营销能力，快一步风险预判，快一步风险应对，快一步出险处置，降低逾期率和不良率。通过对小微企业抵押贷违约的管理处置，我们从一个角度观察了不良和风险的管理，其实依托于组织能力和系统能力，不良资产业务也在同步进行，组织具备不良资产管理的能力，并可以利用系统提高这种业务水平，沉淀管理经验，因此“数字资管”便成为一个可行的方向，不过就构建数字资管而言，我们还需要站在更为宏观的视角考虑这件事，比如企业数字资产、经验沉淀、市场能力、技术运用等，接下来的部分我们以此为切入点，观察构建数字化资产管理公司的几个关键方面。

案例解析

借款人：尹某，38岁家中长子，现离异，有一妹妹。

案件详情：2019年5月，借款人尹某以其位于北京市顺义区的一套别墅作为抵押物向银行申请经营性贷款。贷前初期，相关风控人员对该客户的身份资料、婚姻资料、经营资料以及房产资料进行了严格的风险把控，结合国家支持普惠小微企业这一大环境，客户最终获取了银行的经营性贷款。2021年3月，我们团队接到银行通知。客户尹某因为身患重症，被医院诊断为植物人。在得知这一情况后，我们团队积极与客户尹某的母亲取得沟通，针对客户之前申请银行抵押贷款一事，双方在保护客户最大权益的基础上，积极寻找解决方案。因为客户被诊断为植物人，丧失了民事行为能力。在系统中备注客户信息，进行丧失民事行为能力人的相应法条检索。

《民法典》第二十一条的规定：不能辨认自己行为的成年人为无民事行为能力人，由其法定代理人代理实施民事法律行为。

《民法典》第二十三条规定：无民事行为能力人、限制民事行为能力人的监护人是其法定代理人。

《民法典》第三十四条规定：监护人的职责是代理被监护人实施民事法律行为，保护被监护人的人身权利、财产权利及其他合法权益等。

申请认定公民无民事行为能力或者限制民事行为能力，由其近亲属或者其他利害关系人向该公民住所地基层人民法院提出。

如果其母亲要代其偿还欠款，必须从法律上变更为客户尹某的监护人，才可以处置客户的房产。掌握了上述司法背景，我们团队便积极与客户母亲沟通变更监护人的解决方案，通过过程管理精准记录案件进展，以最快的速度帮客户母亲提起确认客户尹某为无民事行为能力的特别程序案件。但是在申请过程中，后台系统受到客户维护团队的警报提示，客户尹某因病重逝世。到此，我们团队之前提出向法院申请确认客户尹某为无民事行为能力人这一解决途径被迫终止。后台风控团队紧急召开会议，得出的解决方案是：客户母亲要帮客户解决该抵押贷款，只能对客户的遗产进行继承。

依据《民法典》第一千一百二十七条的规定，继承的第一顺位为配偶、父母、子女，因客户离异且无子女。所以其父母是唯一继承人。为增加继承的公信力、公示力，继承公证无疑是最重要的一环。

《民法典》第一千一百六十一条规定：继承人以所得遗产实际价值为限清偿被继承人依法应当缴纳的税款和债务。

我们将解决方案及补交材料清单回传给客户维护团队，团队一线人员第一时间与尹某母亲沟通，获得其认可后协助其完成继承公证，在继承客户财产的范围内帮客户解决此笔抵押贷款的违约风险。

针对该类案件，建立风险信息预警机制十分重要。当发生风险事件触发预警系统时，风控人员可以及时介入，可以极大减少贷后成本，提高贷后效率。

第三节 结构化数据，形成企业数字资产

在不良资产管理领域，数据的全面性和准确性非常重要。传统不良资产管理公司在数据治理方面往往存在着比较大的问题，现在市场上只有非常少数的机构开始着眼于数据治理和结构化数据库的搭建。实际上，构建不良资产结构化数据库在长期来看是极具战略意义的。所谓结构化数据，是指把对资产的描述进行最小单位分割，通过分割成若干细分纬度，并借助于电子化管理系统将这些纬度建立字段库。所以在系统中，一个资产就是一个结构化数据集。这样的数据集合由于统计纬度非常细致，有利于数据挖掘、风控建模、全网检索等场景的实现，形成企业独特的数据资产沉淀。

在建立结构化数据库的过程中，有一个问题往往非常令人纠结，就是一个资产的描述方式非常多，并且对于同一类型的资产在不同业务场景的要求下有效描述纬度多少不一。例如我们在对一个住宅类房产进行结构化描述时，可能会通过“地址”“面积”“权利性质”“市场评估单价”“是否有学区”等纬度进行描述，这样的描述纬度可能有非常多。

在实际处置的过程中，假设某房产在市场上是稀缺房源，那么我们对此资产描述再多也显得有些多余。因为我们对资产进行描述

的原因在于清晰资产状况以便于成交该资产。在上面的情形下，假设我们对住房类资产的描述做了 200 个字端的描述，那么在业务人员使用时，就会产生迷惑，造成效率的浪费。所以我们的不良资产管理系统在考虑到这一情况下设计了开放性的资产描述功能。

系统根据现实世界的资产类型划分了 20 余种资产，如债权、住宅房产、土地、商业、收益权等，对每一种资产系统提供 10 个左右的基础字段。当资产在系统中创建后，业务人员可以通过系统自定义资产描述的纬度和指标，保存后便可根据不同的使用场景选择灵活的描述方式。例如我们对于一个公司为借款主体的债务人进行初步尽调时，我们会想了解“工商信息”“股东信息”“风险信息”“违约信息”四个大的纬度，其中在“风险信息”这一纬度下还要想到了解“失信”“限高”“被执行人”三个维度，而针对如“股东信息”这一纬度，风控想要了解“名字”“占比”“应缴资本”“实缴资本”“种类”五个指标。

通过使用灵活的纬度和指标我们便可对所有类型的资产进行描述，与此同时资产的结构化数据便建立了起来。当然对于企业管理者而言，可能需要规范业务人员对于资产描述的统一性，因而可以通过预设一些模板（DIY 模板建立界面如下图 4. 5 所示），让业务人员直接使用以达到标准化的问题，企业规范对某一类型的资产进行描述时应该有哪些纬度和指标，并要求组织成员使用。这样不仅可以保持灵活性，也可以规范组织的数据结构。

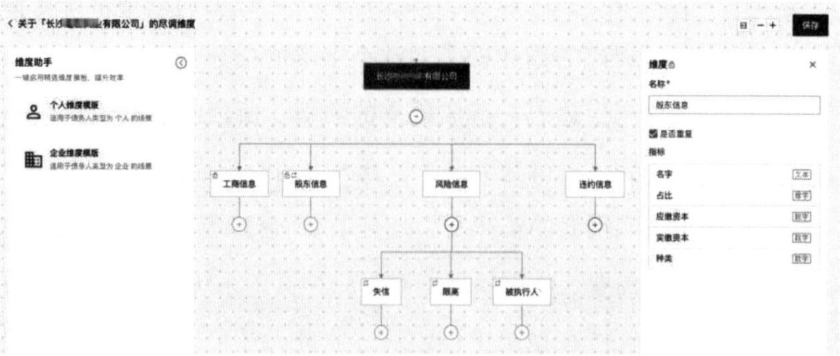

图 4.5　DIY 模板建立界面展示

资产数据结构化完成，企业沉淀了数据资产，我们可以利用这些数据进行很多场景的应用。如系统自动生成风审报告、资产推介报告、财务测算表等，根据企业的规范，系统预设多份报告，如《资产尽职调查报告》《资产收购报告》等，系统从结构化数据库抓取数据，并利用“元数据”进行全网检索，最终整合形成各类文件。这样可以大大降低业务人员的工作压力，解放生产力，让人的价值最大化地发挥，而不是白天做尽调、晚上写报告这样低效的场景（系统自动生成推荐报告界面如图 4.6 所示）。

同时在资产管理阶段，我们对于资产数据的维护只专注其最新的状态即可，系统会帮我们记录资产变化的过程，方便查看资产数据变动历史和业务审计。当业务经理通过二维码分享资产推介报告到意向买受人手中时，后期资产状态的描述也会实时更新同步至买受人，减少双方就信息变动而带来的低效往来沟通，通过加密二维码的形式更可以让指定客户查看资产，并对资产进行评价，我们透过纯线上的形式进行了资产推介和买受人资产调查。这也可以极大地提高组织间合作效率。这些场景实现的底层靠的是结构化数据库的存在。

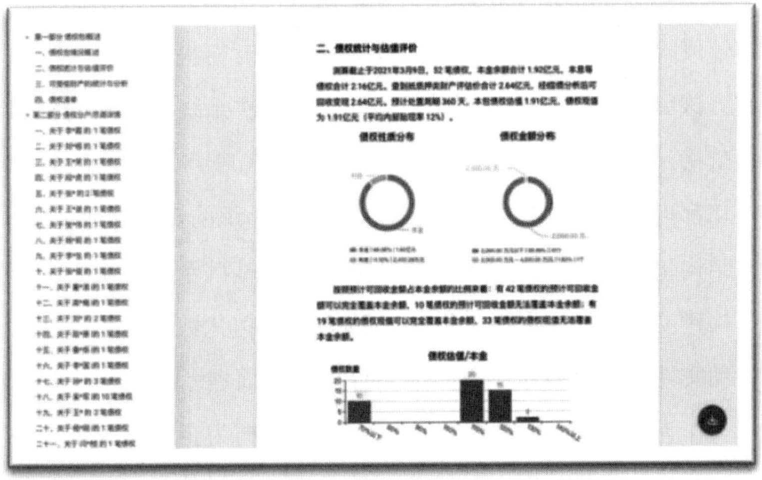

图 4.6　系统自动生成推荐报告界面展示

结构化数据在数据统计挖掘方面的价值更为凸显，传统场景我们对资产的描述纬度不规范，数据分析师无法拿到结构化数据，数据交叉分析变得很困难，组织往往做了 100 亿业务规模，也没有形成数据沉淀和经验沉淀，不同资产的处置经验跟随者业务人员的流动而消失。

通过构建企业结构化数据，企业便有了生产材料，数据分析师通过对数据多纬度的拟合分析最终会发现一些比较有趣的结论和事实。这些结论和事实会成为企业的经验保存下来。随着业务量的扩大，资产数据规模越来越大，数据资产价值也呈指数型递增。这些数据不仅可以为贷前风控提供宝贵建议，还有益于沉淀企业经验，构建知识型企业。

结构化数据还有一个好处在于风险的过程管理。例如，所有房产类别的资产都会有“小区名称”这一指标，那么系统可以根据这一“元数据”进行风控管理，系统根据资产的小区名称不同全网检测舆情风险。当小区发生指向性较强的舆情时会提醒业务人员进行检查，该舆情风险是否会实际影响处置，其次系统会定期刷新房产评估价格，当资产的价值有较大波动时提醒客户经理谨防意外发生。这一切都可通过系统解决，从而大大提升了组织的业务管理水平。

结构化数据库作为构建“数字资管”的基础至关重要。我们探讨了构建灵活且有可以保证数据规范性的结构化数据建设方案，也从自动文件、资产描述、资产推介等几个方面展示了结构化数据的使用。作为“数字资管”的基础，结构化数据为企业带来的好处太多，这些结构化数据更多时候起到的是生产材料的作用，是我们接下来要谈的其他科技工具运用的基础，当企业具备一定的管理规模后，数据库也变得十分庞杂，如何进一步提升组织效能就需要靠更多的手段来解决了。接下来我们会从几个角度来探讨分析如何突破“数字资管”业务效率的天花板。

第四节　RPA 提高组织效率

不良资产市场生态图谱（如图 4.7 所示）分为一级市场和二级市场。在一级市场中，卖方包括银行、非银金融机构及非金融企业，买方包括四大、地方 AMC 以及非持牌的民营不良资产处置机构等。在二级市场中，一级市场的买方转变为二级市场的卖方，二级市场的买方包括债务人的关联企业、上下游企业或者财务投资者。在不良资产市场中，还会包括许多的中介机构，提供专业的第三方服务。

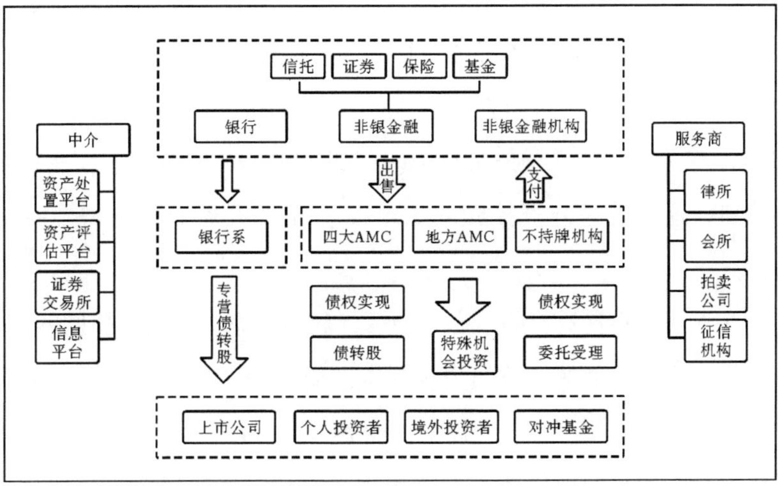

图 4.7　不良资产市场生态图谱

2020年12月28日，银保监会官网对外发布了《中国银保监会关于中国银河资产管理有限责任公司开业的批复》。批复信息显示，同意中国银河资产管理有限责任公司开业。这是自1999年中国四大资产管理公司（AMC）成立以来，时隔20年再次批复成立的第五家全国性资产管理公司。从2020年3月5日批准建投中信资产管理有限责任公司（下称“建投中信”）转型为金融资产管理公司并更名为中国银河资产管理有限责任公司到最终尘埃落定，历时9个多月。

截至目前，中国不良资产生态圈格局呈现“4+N+银行系”的形态，N为地方性资产管理公司的数量，全国共有56家，银行系为五大行中、农、工、建、交的下属资产投资公司。近年来，监管要求四大AMC回归主业，逐步剥离非不良资产业务。在多种因素影响下，2018年四大AMC净利润出现不同程度下滑，但不良资产主业地位大大提升。金融监管研究院资深研究员杨瑾表示，银河最令市场期待的，是其未来在证券领域不良资产处置的潜力。与其余四家专门为银行不良资产处置而生的背景不同，银河的券商基因决定了在证券不良方面，其将成为独树一帜的专业标杆。

除银河资管外，外资控股的AMC也开始进入中国。2020年2月18日，橡树资本全资子公司Oaktree（北京）投资管理公司在北京朝阳注册，这是首家外资控股的AMC，但正式开展业务还需要一定时间。

在了解了不良资产的生态布局后，利用生态系统内的协同效应，金融科技可借助金融科技的力量让资产管理公司的运作机制更加有效。在日常流水化作业的过程中，业务人员可以借助RPA技术，执行简单重复的工作或创建不同的规则，让程序根据规则执行部分业务场景的操作。

RPA 的目标是使符合某些适用性标准的基于桌面的业务流程和工作流程实现自动化，一般来说这些操作在很大程度上是重复且数量比较多的，并且可以通过严格的规则和结果来定义。成功部署企业 RPA 可以带来多种好处：可以让企业获得更高的运营效率，节省时间并释放员工的能力；可以增强准确性，可审计性，监视，跟踪和控制业务流程执行，形成可扩展且灵活的增强型“虚拟”员工队伍，能够快速响应业务需求；还有利于协作和创新的文化，使传统思维业务人员跟上互联网化发展的步伐。

在不良资产管理领域，从项目前期尽调估值，到项目收购后进入到管理阶段存在着大量的重复性高、流水化的业务场景。例如在项目前期桌面尽调阶段，公司在市场上会接触大量的债权资料，这其中最为基本的是债权清单，在这张清单中资产出让方会将债权的基本信息如债务人情况、债权金额、抵质押物等财产情况、司法进度等信息予以披露，投资经理则根据债权清单进行初步尽调和测算，对底层资产进行评估，对回收金额及时间进行预判，最终对债权资产进行估值，评估收购意见、处置风险等。

在这个过程中其实是有操作规则的，这时 RPA 便可施展身手，提高组织人效，提高企业资产筛选的效率。系统内提供的“尽调机器人”可以让企业高效地筛选资产。首先投资经理对债权清单进行整理，通过一键上传的形式将资产出让方所提供的信息进入系统进行解析（一键上传界面如图 4.8 所示），此时机器人会开始自动化程序，针对债权部分的资料，会根据合同约定的计息方式进行债权测算，测算截止于当前日期利息、罚息等金额，得到债权金额。其次机器学习程序会对底层资产进行估值，根据不同财产的类型选取不同数据库，拿到资产评估价并根据资属性进行加权处理，得到底层资产价值评估结论。紧接着根据债权目前的处置进展，如司法进度等进行处置时长的预判，然后结合企业内部贴现率，利用现值公式进行贴现，最终计算得出债权今日的现值评估结果。

图 4.8　债权清单一键上传

无论债权归属于哪种情况，所有计算根据系统预设规则一气呵成，并支持 Excel 导出测算结果进行人工调整。这样传统可能需要一整天的估值工作可以利用系统在几秒钟内完成，大大提高人工效率。再辅助利用投资模型对债权进行筛选，企业便大大加快了寻找符合自己投资标准资产的能力，从而抢占先机。在债权测算的同时，系统根据债务人基本情况、诉讼基本情况等信息进行全网检索，查找债权资产的风险数据，形成风险画像，并在这其中生成资产尽调报告，便于团队沟通与资产推介。对于 100 户债权的资产包而言，传统的桌面尽调工作可能需要一个星期才能够生成立项意见，现在通过系统和 RPA 的帮助，这个过程往往可以缩短至一天，大大提升了组织运转效率。

项目立项后进入到详细尽调阶段，资产数据每天都在变化。这不仅会影响资产描述，还会影响测算估值等结论，投资经理不得不连续的修改尽调报告并制定收购策略。最后，当一个项目真正进入到收购阶段，往往会产生一大堆的文件，浪费了很多人力，从而无法发挥人作为一个经验载体的价值。RPA 可以根据项目及公司要求，自动生成不同版本的报告及文件，在资产详细尽调的过程中，投资经理在系统中维护一份核心数据，系统根据资产状态的变化自动调整报告及测算结论（如图 4.9 所示），系统辅助工作人员完成收购决策，可以解放生产力，将人的价值最大化。

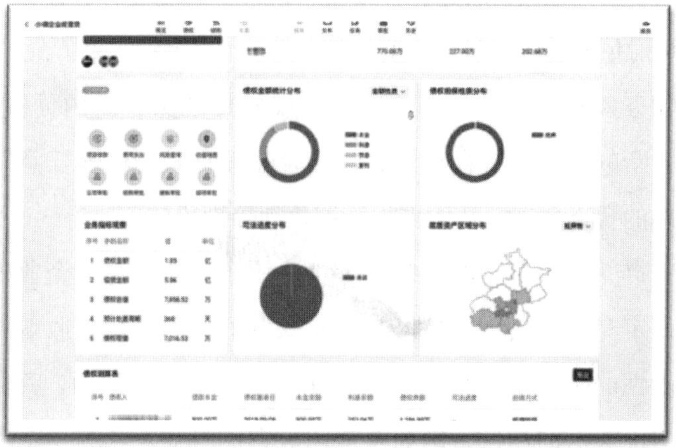

图 4.9　数据结构化界面展示

项目进入到投后管理阶段后，需要定期为有限合伙人（Limited Partner，LP）披露资产状态、处置进展、财务状态等信息。同样，投资经理还要在系统内维护项目的数据：当债权的司法进度发生变化时对数据进行更新，当债权发生回款时进行债权金额矫正，系统将根据矫正后的金额和规则继续滚动计算债权。所有事件的变化系统都会自动留痕，并摘取其中的关键数据生成投后阶段性报告，这样可以解放生产力，提高投资经理同时管理债权的水平。

对于收购后的资产，资产的质量同样是一个关键指标，财产的价值变动、债务人新增的诉讼风险、负面舆情、财产线索等都需要投资经理定期进行刷新检测。

通过构建企业资产全景扫描程序，针对企业资产形成资产池，设定 RPA 程序对资产池进行定时刷新，彻底地解放了投资经理定期全网检索的困境。资产池内的资产通过建立一套提醒规则，根据紧急优先程度提醒业务人员或公司进行应对。而在债权资产的管理，我们还需要定期刷新债权金额，通过打开债权自动计算的功能，保证任意一天系统都可对债权进行更新，让企业资产真正意义上动起来。

当债务人发生还款后，通过对债权的校准保存新的债权基准，系统根据新的数据继续自动计算，让企业管理者可以在任意时间段看到实际的资产数据，从而更加精细化地管理投资。

RPA 作为数字资管的升级工具可应用于多种方面，企业根据需求可以制定专用领域的 RPA 应用。前文我们探讨了债权收购管理过程中代表性的两个环节中 RPA 的应用。通过上面的案例，我们还可以做一些深层次的探讨，例如系统间数据的打通。作为一个资产的数据载体，每一个数据维度可以与专业领域进行 API 对接，如房产数据与当地建委等部门连接，当资产数据发生变动时，根据 RPA 规则进行刷新提醒，进一步简化各应用场景的人力，让人发挥其核心作用。此外，利用 RPA 应用，企业也建立了更为新型的组织间管理协同模式，但是对于内部管理机制而言，团队敏捷化也是数字资管的核心环节。通过构建敏捷组织形式，使用敏捷管理工具是提升团队协作的关键。下面一节我们将介绍敏捷团队的概念，从组织管理升级的角度探究“数字资管”的运行场景。

▷第五节　构建敏捷团队解决组织困境

对于不良资产管理领域来说，一个资产包从收购到最终结项完成回收往往需要多个团队、各类不同职能者及其他外部公司的协作。

银行的不良资产有两种：信贷类不良和抵押类不良。首先明确本书内对银行不良资产包的定义：

根据《金融企业不良资产批量转让管理办法》，批量转让是指金融企业对一定规模的不良资产（10 户/项以上）进行组包，定向转让给资产管理公司的行为。采取批量转让方式的金融机构主要是银行，银行批量转让的不良资产，一般称为不良资产包。2017 年，不良资产包中具体资产的数量调整为 3 户及以上。也有银行将不良贷款按照小于 2 户的方式挂牌转让，因为数量较小，此处不做分析。

不良资产包要求定向转让给资产公司。符合政策要求的资产公司包括信达、华融、长城和东方，以及获得监管部门认可的“地方资产管理公司”。当然，也有社会投资者直接与银行联系，并通过资产公司作为通道来购买不良资产包。

贷前环节和贷后处置由于角色分工以及专业能力不同，往往交由不同的团队进行管理，但归本溯源，贷后处置的本质还是要充分把控借款人动向。无论是贷前团队的向后延展专业化，还是贷后处置团队向前严控风险提前设置处置方案，对于金融机构来说，都可以最大限度降低借款人的违约风险，使得产业链效能提升，以此反哺社会需求解决时代痛点问题。

在实操作业过程中，跨部门跨组织的沟通会存在很多低效、不准确、不可控的问题，一部分源于个体间差异带来的做事风格、沟通的差异，另一部分源于信息分散、信息沟通失真。因此构建敏捷团队的组织形式，再借助科技敏捷工具，可以大大提高因为协同而导致的问题。敏捷团队模式从软件开发行业发展而来，是指弱化部门和组织的概念，从完成任务为目标进行团队协同管理，敏捷团队成员各自发挥其作用，共同完成某一目标。本节中的敏捷团队指的是在 Scrum 中的开发设计团队。Scrum 是迭代式增量软件开发过程，通常用于敏捷软件开发。

迈向敏捷团队模式的第一步，就是通过明确任务目标，将完成这一任务的各类不同职能的人组建成一支团队。对于不良资产管理公司而言，一个敏捷团队应该以一个项目为标准，项目立项后组建项目敏捷团队。与传统的按职能划分的部门不同，为了能够高效、专注地集中在项目上，团队需要尽可能降低对外部资源的依赖，因此，敏捷团队通常是由跨职能的人员组成的。而在人员数量上，通常是5~9人比较合适。敏捷团队有很多组织形式，每种模式的角色划分会有一定的差异。Scrum 的敏捷团队中有三种角色：项目负责人（Product Owner，PO）、团队（业务团队）以及专家。

PO，即项目负责人，也是团队负责人，最主要的职责就是最大化投入产出比（Return on Investment，ROI）。具体来说就是要对项目负责，推动项目在募投管退各个环节的正常进展。在项目负责人管理项目的过程中实际上是对每个阶段的子目标进行拆解并拆分完成目标所需的各类任务，而对每个任务而言，可能会有不同职能的人配合，所以任务管理是项目负责人的管理核心，为此我们设计开发的系统中会有任务管理某块作为过程管理的核心。

首先，我们为用户提供任务这一管理概念，然后对于某一个任务而言，会有其标题与内容，在任务创建时系统会记录创建人以及时间等属性以进行留痕。

其次，任务的创建人可以对这个任务进行指派，指派制定人负责完成，对于有些涉密任务还可以进行隐私性设计，打开隐私性后只有制定成员可以查看或者参与任务的编辑。利用任务进行协同管理的核心是不同参与者对这一任务的内容贡献。

最后，大家利用评论的形式形成这一事件的时间轴，这样不仅方便管理者查看这一任务完成的过程，还为团队成员间的信息共享提供了便利。

我们还对任务这一管理单位提供了多个维度的管理抓手。标签功能可以方便用户创建灵活的标签体系对任务进行标记，这个任务是属于组织内还是组织外、是财务类还是资产类，通过不同的标签进行区分可以快速对海量任务进行筛选和统计。

里程碑是我们创建的任务管理的一个概念，项目负责人可以在一个项目内设定多个里程碑，实际上是一个阶段性目标，为达到某一阶段的里程碑可能会由若干任务组成。对任务的细分管理还有一个维度是方案，团队成员可以创建某一方案，如收购方案，在方案中也会有若干任务。总而言之，为敏捷团队的项目负责人提供了一套管理敏捷团队的线上看板体系。作为最小管理单位的任务有标签、里程碑、方案、负责人、隐私性五个纬度。通过灵活使用任务管理工具，项目负责人最大化团队效能，平铺信息，量化管理项目。

众所周知，或者说大部分组织习惯上会将成员按照不同工作领域分配成专职团队，比如法务、测算、收购等。各个团队之间往往是按照既定工作流将手头的工作移交至另一个团队，或多或少是相对比较独立运行的。而在敏捷团队中，团队成员应当是跨职能多样化的，具备所谓的T形技能。

T形技能的含义之一是“深度”，这点与传统的专职团队相似，指的是成员具备某个领域的专长；含义之二是“广度”，比如投前尽调人员除了能够胜任尽调工作以外，也具备一定的投后跟进能力，又或是律师也有一定的投研判断能力。

可想而知，在长期的项目管理中，不可能保证每个周期、每个人都能分配到等量的任务，因此，T形技能可以更高效地利用资源。然而，像一开始就可以找到想要的团队技能组合是不大现实的。重要的是要有一个促进学习和技能增长的环境，无论是领域知识、专业知识、思考技能或者其他能力。

此外，敏捷团队需要稳定的人员。团队稳定是具备经济优势的。有研究表明，稳定团队比新组建团队的生产力要高。团队成员之间的熟悉度也对产出效率和质量有着积极的影响。除了生产力方面的影响，稳定的团队对于规划也有着至关重要的影响。

Scrum源于经验主义过程控制，因此，稳定的团队所积累的经验对于规划的判断非常重要。这就需要专家的参与，专家是敏捷团队的教练，帮助团队更好地适应敏捷框架，是典型的服务型领导者。作为教练，专家要指导团队接受敏捷的价值观，促进团队的沟通，并帮助他人明确自己的职责。至于Scrum框架运行过程，专家则是这方面的权威，在这个身份上，为了确保团队使用特定有效的方法和实践，专家需要被充分授权。专家需要为团队排除一切影响冲刺目标的障碍，尽可能保证团队成员能够专注在自己的事情上。

另外，优秀的专家需要善于观察和思考，Scrum 作为一个框架，并没有固定的过程，或者说其过程本身也是不断迭代的，因此专家要积极地推动变革，根据团队的现状不断调整框架使其更加适合团队的特性。

在团队的配合上，有时候某一项任务需要放到特定的后台部门，或有可能形成了任务操作的操作流水线，上一个人完成后需要后一个人进行复核，再到最后的执行，当遇到这样类似于流水线的合作场景时，我们提供“流水线”功能以便进行任务管理，通过可视化设计，所有的任务被放置在若干纵向管道里，若干管道呈流水线横向铺开，所有的任务将在流水线上进行流动，每个流水线会有专门的跟进人。

总结一下，敏捷团队主要分为以上三种角色，项目负责人和专家通常都被视为领导者，但他们在职责和专注方向上有着很大的差别。敏捷团队并不需要一个项目经理，因为没有必要。传统项目经理的职责已经被更加合理地分配到了以上三个角色当中，而更紧密的沟通和配合促使团队能够更有效地达成目标。

通过构建一个敏捷团队，项目的管理得到量化。目前有很多金融机构已经启动了敏捷化的升级，例如，小微企业抵押贷业务标杆——中原银行已经采用敏捷团队的模式进行业务管理和拓展。构建敏捷团队后，企业能够在多方面提高其管理水平。

瀑布式的项目管理模式在执行的过程中很单一，只有从瞄准到射击这一个过程。敏捷团队的短期目标管理方案，很有效地解决了这一问题，团队会根据不断变化的业务资产状况进策略调整，最终体现出精准管理的效果。敏捷管理对每一个短期目标和改动都有严格的要求，这与团队内部成员持续的沟通交流是分不开的。敏捷管理在变化迅速的项目中优势会更为明显。

敏捷团队根据市场需求推动最重要、需求最明确的部分，这样能很快地处置回款，完成项目的最终盈利。敏捷管理还会带来丰厚的投资回报率，因为最具价值的功能总是会被优先开发，从而优先进入市场，这样能给客户带来最大的投资回报率。敏捷管理还会塑造出高效的自我管理团队。敏捷团队要求团队成员必须积极主动、有沟通精神、可以进行自我管理。在这样的团队中工作，团队成员的技术能力、交流能力、社交能力、表达能力和领导能力也都能得以快速提升，并成为团队中的骨干。

第六节　司法拍卖处置线上化流程追踪

借贷行为由来已久，自以物换物的经济行为发生伊始，到各种货币体系下的市场交易活动，借贷行为都一直伴随着人们的生产生活。会计学中讲“有借必有贷”，不仅强调了资产的所有权属性，同时也表达了债务的偿还属性。当下经济活动中对于贷款行为的偿还属性，定义更为直接：银行或金融机构按着的一定利率，以必须归还作为出借资金条件的信用活动行为。

但由于任何事物的本质本就并存了不确定性和风险性，有借款的行为存在，就会有借款人到期欠债不还的失信行为发生，也就是还贷违约。还贷违约指的就是借款人向贷款人或贷款机构借贷后，没有在规定的时间内还款的行为。俗语讲：欠债还钱，天经地义。中国古代最早的关于还贷违约失信行为的处置记录来自公元前战国时期魏国李悝的《法经》，里面记载了欠钱不还的人要被打板子或者抓进大牢的故事。

改革开放以来，我国始终坚持以经济建设为中心，坚持以发展为第一要务，坚持以公有制为主体，多种所有制经济共同发展的基本经济制度，充分鼓励创新创业，鼓励民营企业开展各类经济活动，使得我国经济持续高速发展。经济基础决定上层建筑。发展需要资金作为支持，以至于近年来我国的借贷市场蓬勃发展。但发展过程中试错往往也如影随形，由于各类试错导致借款人难以偿还债务，所以违约行为频出。

不良贷款产生后，无论是出于社会舆情风险考虑还是银行自身经营所需，本着持续发展的原则，不良贷款就需要被处置。初期，不良贷款的转移形式就是在政策的指导下进行直接或间接的转让。但随着法规的建立健全，不良贷款的处置路径也变得多种多样，主要分为一次性受偿和阶段性受偿两类：直接追偿、资产转让、破产受偿等是一次性受偿的手段；债权股、资产证券化、抵押物资产拍卖等是阶段性受偿的手法。不良贷款的处置一定要基于法律规定，借助法院执行。司法处置的方式有很多，司法拍卖只是其中之一，但司法拍卖或通过法律手段的变卖及以物抵债，都是债权得以受偿的重要环节。

拍卖是一种古老的财产所有权及使用权共同转让的形式。学术界认为，自从生产生活中产生了剩余产品，拍卖的形式就随之存在了。最早有关于拍卖的文字记载来源于公元前五世纪古希腊历史学家希罗多德所著的《历史》一书。

在中国古代魏晋时期，一些寺庙中就存在一种类似“拍卖”的交易形式，名为“唱衣”。“唱衣”是佛教用语，是指在僧尼死后，其遗物分其轻重，重物如金银田宅归入常住处，轻物如衣物等分配给僧众，分不均则集众僧竞卖，平分其价。“拍卖”一词是到了唐朝才有文字形式出现的，这个词始见于唐贞观十七年杜佑所撰的《通典》。书中记录了一则唐玄宗二十五年下达的诏令，即“诸以财务典质者，经三年不赎，即行拍卖”，意思是如果有人拿着财产去做典当，当户的抵押物存在当铺三年都不赎回，届时当铺就可以把抵押物进行拍卖。随着时代的更替，拍卖行业也建立健全了各类规章制度，司法层面也定制了相关的法律法规。

司法拍卖的具体解释是指人民法院在依法处置民事案件的过程中，根据司法程序由法院主导或委托拍卖机构主导，以公开、公平、公正的方式合法处置债务人财产，以拍卖所得款维护债权人合法权益的清偿手段。

网络司法拍卖属于司法拍卖制度中的一种新模式，它由以往在具体场所进行的拍卖转变为在虚拟的网络平台上进行拍卖，竞买者可以通过在网络平台上竞价进行交易，虽然与以往传统的拍卖方式有所不同，但是它同样遵循了拍卖所突出的“公开竞价，价高者得”的原则。《最高人民法院关于人民法院网络司法拍卖若干问题的规定》中规定，网络司法拍卖是指人民法院依法通过互联网拍卖平台，以网络电子竞价方式公开处置财产的行为。

当借贷行为发生违约，真正启动司法拍卖程序后，传统金融资产管理公司按照前中后台的运营逻辑，业务模式相对单一，组织能力无法发挥至最高水平。如果能通过系统将组织能力模块化，并借助于运营思维根据市场状况灵活调控，可以增强组织业务水平，借助现有资源拓展新的业务领域，继而创造新的利润增长点。

在司法拍卖的开展过程中，司法案件的过程管理往往令公司管理者比较头疼：一是无法量化追踪机关业务人员的工作进度；二是无法对律所等相关服务商业务进展过程进行监测；三是从业人员的业务能力不好评价，选聘过程不能按照能力进行评估选聘。

通过技术手段，系统可以在一定程度上解决效率进度追踪方面的问题。业务管理系统会根据项目权限分配相应数据及功能权限给服务商账号。例如法务尽调服务商，系统会先分配服务商账号，并指定相应的资产负责人为服务商服务，服务商通过该账号就能看到相应的资产基本信息，并可根据尽调情况将信息录入系统。当文件上传至项目文件夹内，系统会同步至业务经理的界面，同时借助任务管理功能，业务经理可以很方便地对服务商的工作进行分配、过程留痕和跟进。

在与服务商团队进行协同工作时，灵活的任务看板为团队领导者提供了便利，通过设定特定的流水线，将任务放在流水线上并设定相应权限，便可实现各团队高效协同作战的目标。在服务商管理的这个场景中，我们结合运营思维，利用系统将服务商的相关专业能力模块化，然后通过系统平台将服务商能力嵌入相关项目应用场景中。

第四章部分图摘录

第五章

人工智能管理私募基金

私募基金是指以非公开方式向特定投资者募集资金并以特定目标为投资对象的证券投资基金。最早的私募投资活动发生在15世纪末期的大航海时代，由于世界格局由分散走向整体化，在远航贸易中仅靠个人自有资金难以满足企业需求，急需外部资本的进入从而完成扩张，此时除经营团队以外的外部资本投入就成了最早的私募股权资本。有组织的投资形式起源于美国。1946年，兰德研究和发展公司（Research and Development Corp.，RAND）的成立，被公认为是专业化私募投资管理机构诞生的标志。自此之后，创业私募投资基金这种以股权为底层资产的直接投融资手段飞速发展。1978年，美国国会通过议案，允许养老保险储蓄金以有限合伙人身份参与创投投资，使得私募创投基金成为除银行以外的另一重要的企业融资渠道，极大地推动了私募基金的发展。20世纪80年代后期，由于美国的第四次创业浪潮，使得创投基金向并购基金方向转变。并购基金以高杠杆为投资手段，以杠杆收购（Leveraged Buy-outs，LBO）和管理层并购（Management Buy-outs，MBO）为主要运作方式，又一次推动了私募基金发展，同时企业股权收并购成为私募基金投资的重要方向。

我国私募投资基金的起步阶段是由政府主导风险投资开始的。1986年，第一家股份制风险投资公司——中国新技术创业投资公司成立，随后中国招商技术有限公司、广州技术创业公司等一批风险投资公司相继成立。1992年，我国第一只外资私募股权基金由美国国际数据集团（International Date Group，IDG）设立。在1998年3月举办的全国政协九届一次会议上，民建中央《关于尽快发展我国风险投资事业的提案》被列为当时的“一号提案”，引发了我国风险投资的第一个高潮。截至2008年年底，我国私募股权投资基金规模超 6 000 亿元，私募证券投资基金管理规模超 11 000 亿元。2013 年 6 月实施的《中华人民共和国证券投资基金法》（以下简称《证券投资基金法》）是我国私募基金发展的重要转折点，法条增加了“非公开募集基金”的字段，正式将私募基金纳入监管范围，确立了私募基金的合法地位。随着监管层面的重视程度越来越高，我国私募基金也正式步入规范化发展的强监管时代。截至 2017 年，统计数据显示，我国私募股权投资市场规模已成为全球仅次于美国的第二大私募股权投资市场。

1978 年，我国开始实施改革开放，确立了以公有制为主体，多种所有制经济共同发展的基本经济制度，自此以后，我国经济水平持续高速发展。出于企业发展和扩张的需要，企业经营者对直接融资的需求日益增长，私募基金行业在证券市场和资本市场中开始占据重要地位。

我（编者注：此处指主编姜何，后同）自 2000 年开始金融职业生涯，从业经历大致分为四个领域，分别是投资银行、股权投资、特殊机会投资以及金融科技。在 2013 年开始从事特殊机会投资时，先后合作，先后和国内四家排名前十的律师事务所的不良资产专业委员会合作，主导成立特殊机会投资基金事宜。通过多次尝试和探索，2020 年我与北京华投律师事务所（以下简称华投）打造了一只由系统作为监管手段，基金规模为 2 000 万元的特殊机会投资基金，对于用系统管理基金的模式做了进一步的验证。本只私募基金有哪些创新之处、管理业务有哪些模式组成、具体工作进程如何规划、运作过程中有哪些注意事项，本章会进行较全面的介绍。

第一节　系统监管型特殊机会投资基金历史沿革

我近年来持续研究抵押贷款市场，通过数据分析、行业调研以及业务实操，积累了抵押贷款业务拓展、风控管理及投资处置的全流程经验。由于公司自身业务逐渐步入多元化，我萌生了自主开发不良资产管理系统的想法，希望以融资主体为观察核心，自动搜索多维数据信息，形成关联数据体，依靠网络舆情和监管发布信息，进行用户的甄别、筛选和预警，在企业客户风险的识别、传导、跟踪及贷后处置等方面发挥作用，以线上化手段提升公司办公效率。本次特殊机会投资基金项目的落地，有很多偶然，也有很多必然。我与华投的主任早年因业务结识，2019 年 12 月同时受邀参加了一场不良资产投资处置峰会，才有机会展开深入交流。沟通过程中双方发现对特殊机会投资私募基金有很多共识，又历时半年，双方团队沟通打磨合伙协议草案，确定了业务种类架构（架构图如 5.1 所示）。

要注意，合伙协议的内容一定要一事一议，不能套用固定模板。前期偷了多少懒，就会为后期埋下多少隐患。经过近百次的会议探讨，本只由系统监管业务运作过程、追踪业务流程的特殊机会投资基金终于组建完成。

图 5.1　基金架构图

基金采取了双普通合伙人（General Partner，GP）的组织架构，分别是信投北京资产管理有限公司（以下简称信投）与华投。信投北京资产管理有限公司成立于 2013 年 4 月 27 日，是专注国内不良资产领域业务理念与商业模式持续创新的管理机构，曾多次担任央企和国企负效资产处置化解业务的咨询顾问机构。我作为国内不良资产综合管理机构的首批私募基金管理人，致力于为金融机构及广大投资者提供不良资产全流程管理服务，并不断创造全新的业务合作机会，打造创新金融产品。公司自成立以来，不良资产项目累计投资规模 10 亿元，管理基金规模 50 亿元。自 2016 年确定了“金融+互联网”的战略布局，公司便着力于打造将科技手段运用到资产管理行业。经过近三年的潜心研发，公司自主研发的两套系统全部上线，业务协同系统极大地提升了公司的流转效率，资产管理系统在资产交易所及资产管理公司得到广泛运用，目前我们正与两家持牌 AMC 进行定制化系统开发工作。华投团队则是由国内顶级投行专家、地产并购专家、原法官、原检察官、律师、原银行行长组成的，同时吸纳法律、财务、金融等领域的专业人才，形成系统化运作的团队。其专业服务内容包括：不良资产投资（收购）尽职调查与评估、投资尽调、资产定价、收购后尽调、决策所需可量化数据支撑，等等。本只特殊机会投资私募基金由信投出任执行事务合伙人，基金结构搭建方案如 5. 2 所示。

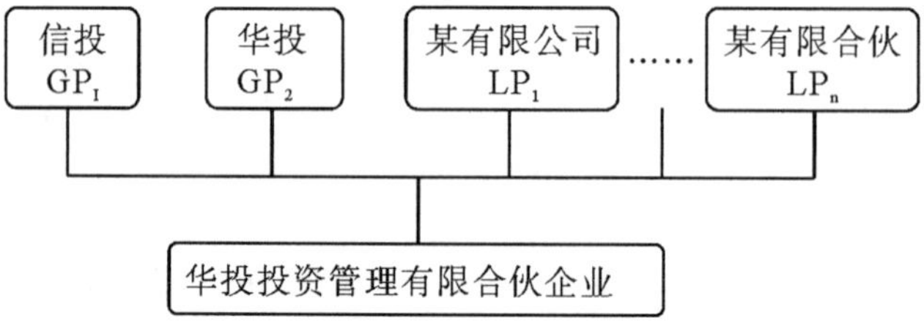

图 5. 2　基金结构搭建方案

确立了基金架构后，就进入具体实施的阶段。对于私募机构来说，工商注册非常重要：其一，机构的注册规模、注册名称、经营范围等多方面基本信息不仅要通过工商系统的审核，还要受到基金协会的监管，这些基本信息都将直接影响登记备案的成功率。其二，自从进入强监管时代，各行政地区对于私募基金行业的管理和引进政策各有不同，注册地和实际经营地点的选择不仅影响着业务的开展，对于后期税收问题也会有很大的影响。好的开端就是成功的一半，尽量提前掌握更多信息，并基于多维度信息展开深度思考，有了长期的合作方案，后续事态的发展才能如愿以偿。

▷第二节 基于科技打造基金运营规则

由于我在此前经历了数次基金的探索，走过一些弯路，也积累了一些经验，本次基金的落地是在以往经验的基础上，做出的大胆创新（前后模式对比如表 5.1 所示）。创新主要聚焦于以下八个方面：业务来源、管理方式、业务模式、有限合伙人的参与程度、交易过程的透明度、组织结构、管理工具、交易对手。

表 5.1 基金运营规则前后对比

	基金运营规则 启动前（1.0 模式）	基金运营规则 启动后（2.0 模式）
业务来源	随机	固定内循环
管理方式	执行事务合伙人为中心	业务导向中心
业务模式	纯财务投资	承揽承做承销
有限合伙人的参与程度	低	高
交易过程的透明度	财务	财务+业务
组织结构	金字塔型	矩形
管理工具	纯人工	人工+系统+规则
交易对手	市场	业务体系内

①业务来源。以前特殊机会投资基金的业务获取，主要靠业务

团队和投资团队的人脉关系网，除了社交范围和地理空间的限制以外，掌握业务信息具有强烈的随机性。但本只基金团队内部的业务涉及范围穿透获客渠道、贷前审核、贷中管理、贷后处置等，涉及特殊机会投资标的全产业链，所以对于业务的来源更趋向于固定的内循环模式。

②管理方式。私募行业无论是股权型投资基金还是证券型投资基金，都是由执行事务合伙人管理投资事宜，投资决策委员会作为项目审核部门，但往往人员构成也是由执行事务合伙人决定的。本基金是以业务导向为中心的，业务来源、处置团队构成、服务商如何选取在系统上全程可视。

③业务模式。在有限合伙企业中，执行事务合伙人必须由普通合伙人出任，不执行合伙事务的合伙人有权监督执行事务合伙人执行合伙事务的情况。而基金中的合伙人则根据基金收益的分配顺序又被分为优先级、中间级、劣后级，有限合伙人在基金中往往承担纯财务投资人角色。本基金除了对认购标准做了限制，对有限合伙人的投资经验也做了相对的考量，所以本基金的业务模式是全体合伙人都可以参与的承揽、承做、承销模式。

④有限合伙人的参与程度。由于本基金的业务模式导致，有限合伙人可以作为承揽方根据基金投资产品大纲向秘书会呈递项目推荐报告，投资决策委员会做项目尽调估值。通过项目提案后，有相关项目经验的有限合伙人可以提交处置方案，承揽项目处置。待债权转物权完成后，有承销能力的有限合伙人还可以参与项目退出工作。如果有限合伙人未参与项目开展过程，也可以全程通过线上系统，实时跟踪业务的进展情况。

⑤交易过程的透明度。1.0 模式下的基金，出于监管的强制性要

求，加之部分有限合伙人的强话语权，被迫为部分有限合伙人公开财务数据。但本基金的资金流水和业务进展，都是实时在系统中更新，对于全体有限合伙人都会有一个系统的准入接口，以便于随时随地查看项目情况。

⑥组织结构。传统基金以金字塔结构最为常见，执行事务合伙人和业务团队作为绝对的金字塔顶尖存在。本基金实施扁平化组织管理，更趋向于矩形结构。

⑦管理工具。2.0 创新模式下的基金，通过系统管理基金，海量文档资料一键可查，业务进展及财务状况可视化展现，在提升业务团队管理效率的同时，降低了管理层的监管难度。

⑧交易对手。由于以前承做项目时，要从市场总筛选合作服务商，很多情况下在巨额的利润面前，服务商和项目方之间会由亲密无间的战友关系转变为敌对关系。但创新后的管理模式，承做服务商从体系内部选择，深度绑定利益共同体，从本质上降低了交易对手的选择性风险。

想要真正完成由科技改变基金的运营规则，除了需要以上的创新点作为发展方式，还要有三项基本制度要牢牢遵守：一是协作，要建立起基于交易对手激励政策以及责任承担的协作机制，只有共情才能长情，只有协作才能共赢。二是制约，要基于买方利益形成反向制约。我认为博弈论中最值得学习的方法就是倒推法，海盗分金也从模型的角度为我们深入浅出地讲解了反向制约的重要性。三是监管，要基于交易的透明度进行监管，当前的市场环境，想要达到更加透明的程度，就要借助互联网科技的力量。

当然，制定好有序的管理方式和完备的运营规则，可以从信任度方面打消投资者的部分顾虑，但并不能从根本上提升投资者的投资兴趣。基金为了整合行业资源，吸引更多符合产品要求的高质量投资者，还需要把产品设计得有足够的竞争优势。通过对市场的反复研究和预判，投资决策委员会一致决定把本次基金投资的标的放在违约债权市场，而债权的筛选标准是底层资产必须是核心城市核心地段的住宅类房产。

以北京为例，2020 年北京成交房产均价为 60 553 元/m^2，成交均价连续保持相对平稳态势，保证了底层资产的安全属性；2020 年，北京二手住宅累计网签 16.88 万套，同比 2019 年上涨 2.62 万套，保证了底层资产的流通属性。通过上述运作方式来投资该类资产，经过财务测算发现，不仅充分保证了投资者资金的利用效率，让投资者得到了理想的投资回报，而且让投资者的经验价值和社会价值得到无风险变现的机会，新一代的基金在保证投资收益的前提下，要尽可能让投资者的战略价值得到充分展现。

▷第三节　全流程战略实例分析

历时半年多的前期准备工作，本只特殊机会投资基金在 2020 年 7 月正式启动，业务类型主要包含两种：特殊机会资产包投资业务和大宗不良资产投资业务。业务都是在产业链内流转产生，所以在成立后的第一个工作日就完成了第一笔债权投资（新建项目界面如图 5.3 所示）。这里要注意基金属于资本运作业务，会有资金闲置的情况出现，这些都需要在合伙协议中提前约定好，如可以约定：本有限合伙企业在投资期内的闲置资金除存放银行外，只能用于购买国债、央行票据等固定收益类产品，以及经有限合伙人有限合伙企业投资决策委员会同意的其他临时性安全投资。作为一个基于科技系统精细化管理的私募基金，华投基金的募投管退全流程均做到了线上系统信息透明可视化。下面，以某一项目的投前评估、投中管理和退出分配的流转过程为例，介绍系统在基金管理中的运用方法。

1. 投前评估

基金投资由业务延展而来，由于投资标的为内生不良资产，通过贷前系统数据线上联动基金系统，便捷地实现了资产线索梳理（如图 5.4 所示）。在组建资产包的过程中，更是通过深度学习算法，通过字段化条件输入，如标的位置、本息合计、关联关系等，自动生成投资标的。

图 5.3　新建金融类不良资产界面展示

图 5.4　投前评估界面展示

完成组建资产包工作后，资产包的资料清单可以在线浏览也可以一键下载，以满足不同用户的使用习惯。债权清单可以在系统内一键估值，也可以导入外部清单文件，通过智能机器人设定的估值逻辑，几秒钟就可以完成百户资产的重新估值（如图5.5所示），并可以通过自定义模板内容，自动生成评估报告、推荐报告。

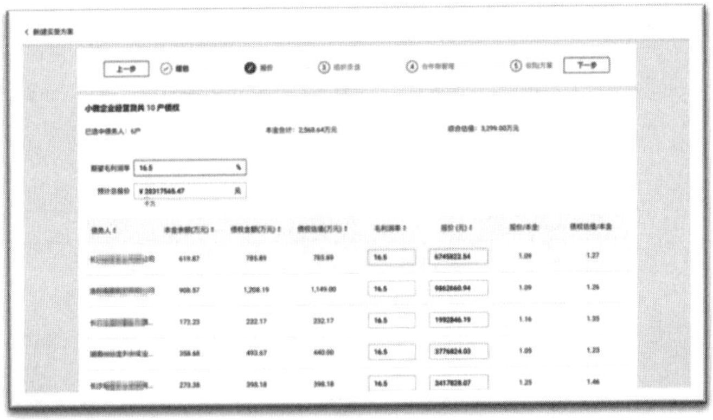

图5.5　债权估值报价界面展示

经过数据的结构化整理，报告内容呈现多维度的清晰可视化（如图5.6所示）。根据报告内容，线上可直接召开投资决策委员会，通过表决结果决定项目流转方向。根据合伙协议投票规定：当通过投资决策委员会审议，项目自动流转到投中管理阶段；当投资决策委员会审议结果为待定时，投资决策委员会成员填写评审意见，项目反馈给产品投资部门，由产品投资部根据评审意见增补资料，待资料完备再次发起线上投资决策会议；当投资决策委员会审议结果为未通过时，项目转入贷后处置部门，由贷后部门根据预设处置方案，进行贷后处置。

2. 投中管理

当整体资产包投资方案通过后，就要实施单笔债权项目拆分处置。系统根据贷前风控部门预设的处置方案，再结合实时信息分析，整理出两套相对最优的处置方案。将两套处置方案根据历史处置经验全流程分解（如图 5.7 所示），预定处置时点及对接部门，根据市场常规报价，预设处置费用。

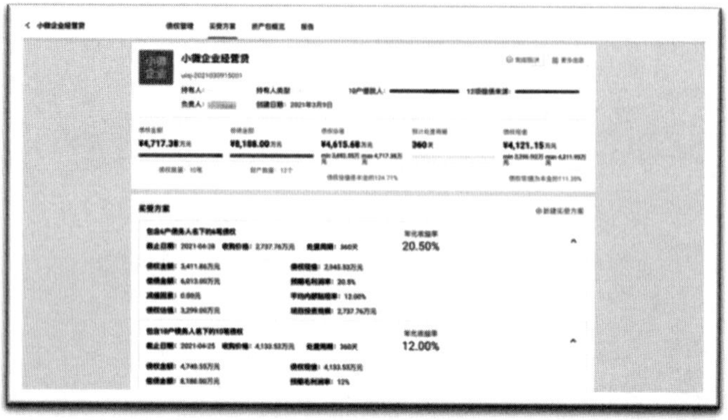

图 5.6　债权买受方案可视化界面展示

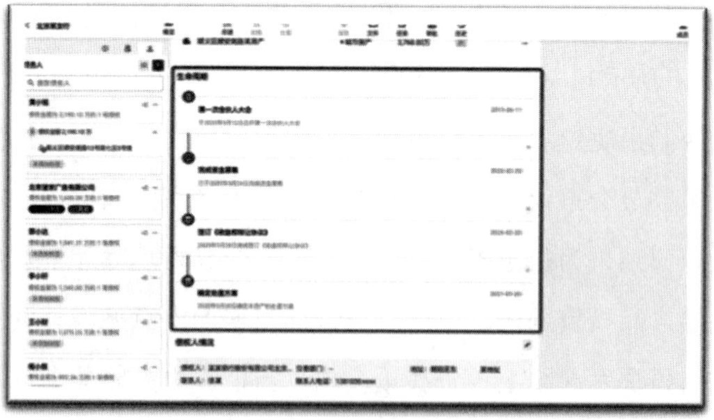

图 5.7　投资决策生命周期界面展示

传统不良资产处置过程往往是囫囵吞枣地将单笔债权处置承包给服务商，这对债权人来说，不仅要承担高额的服务商处置费用，还会面临极高的道德风险。债权人在对处置行业有一定认知的情况下，可以找到专业且负责的服务商机构。但对于“新手玩家”来说，可能付出高额的学费后带来的不过是一次自己被迫学习的机会：处置方案需要自己整理，案件细节需要自己梳理后给服务商讲明白，更有甚者连诉讼书都要债权人提供。而系统通过分析数百个真实处置案例，接通第三方 API 数据接口，可以将处置流程的颗粒度尽可能地放大，再根据单项服务内容对标性价比最高的处置服务商（如图 5.8 所示）。

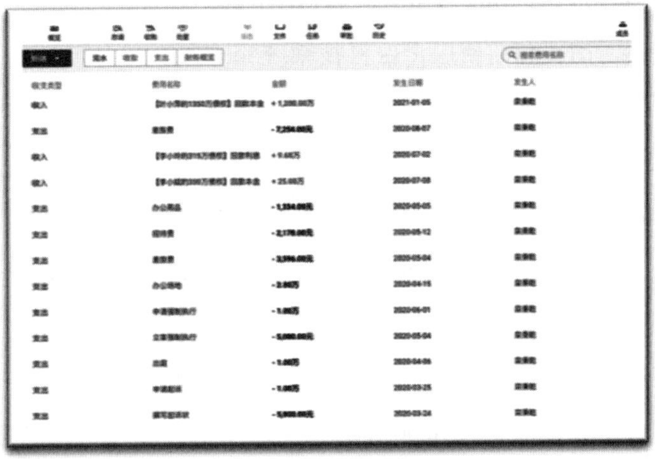

图 5.8　处置收支明细界面展示

由于基金在募集资金时，设置了较高的准入门槛，所以能够成为华投基金有限合伙人的都是业内有口皆碑的服务机构团队。根据系统拆分后的处置方案，需要持牌律师事物所处置的部分将抄送给最合适的团队处置，对这部分工作内容按照市场报价进行结算。无专业壁垒的工作内容，则交由基金运营团队处置。流程分解不仅降低了基金的处置成本，还帮助处置团队确立了工作目标、提升了工作效率。一线业务人员会实时记录在处置过程中遇到的痛点，处理完毕补充处理方式。系统的作用不但丰富了数据库的维度，还保证了数据来源的“新鲜性”与“真实性”。

3. 退出分配

项目实现退出后，会按照合伙人投资比例及合伙协议内预订的分配方案实施退出分配。在系统中，业务过程及资金明细通过区块链技术实现步步可查询、笔笔有记录，方便投资人实时查阅。系统中的智能机器人还会根据不同投资人侧重的数据指标自动生成可视化的投后报告，定期向投资人更新退出进度。

最后，简要总结使用金融科技系统管理基金业务后的变化。分析过程管理的数据可以发现：系统和量化一样，都是很好的辅助工具，也可以带来效率的提升，但以当下技术的发展水平，想通过智能手段达到去人工化的程度，还需要很长时间的努力和探索。当然使用人工智能技术管理基金我们并不是首创。2017 年 10 月中旬，首只人工智能管理的交易所交易基金已经发行上市，截至 2021 年，基金公司通过人工智能手段进行基金管理也有过几轮尝试。

随着技术的进步，旧的职业消失，新的职业诞生，工人变成白领，车夫变成司机，人工智能带来的变化也是一样。现在人工智能的主要发展方向是神经网络和深度学习，让这种方法发展最快的方式就是提供大量数据给机器训练，利用数据不断纠错，为理性效率提升做出贡献。在此也希望各位读者批评指正，共同见证模式的变迁。

第五章部分图摘录

附录

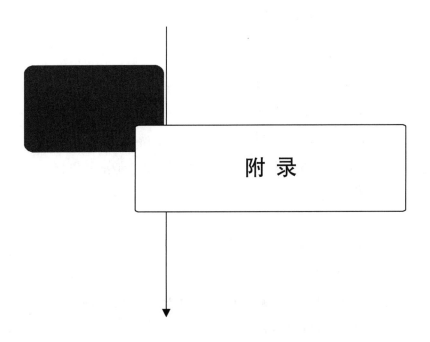

附录一 《中华人民共和国民法典》对小微企业抵押贷业务的影响

《中华人民共和国民法典》（以下简称《民法典》）由中华人民共和国第十三届全国人民代表大会第三次会议于 2020 年 5 月 28 日通过，自 2021 年 1 月 1 日起施行。2020 年 12 月 31 日，最高人民法院发布了关于适用《民法典》有关担保制度的解释。《民法典》的施行与担保制度解释的发布整体来讲有利于小微企业抵押贷业务的开展。《民法典》第三百九十九条规定：

下列财产不得抵押：

（一）土地所有权；

（二）宅基地、自留地、自留山等集体所有土地的使用权，但是法律规定可以抵押的除外；

（三）学校、幼儿园、医疗机构等为公益目的成立的非营利法人的教育设施、医疗卫生设施和其他公益设施；

（四）所有权、使用权不明或者有争议的财产；

（五）依法被查封、扣押、监管的财产；

（六）法律、行政法规规定不得抵押的其他财产。

但是在《最高人民法院关于适用〈中华人民共和国民法典〉有关担保制度的解释》第六条规定：

> 以公益为目的的非营利性学校、幼儿园、医疗机构、养老机构等提供担保的，人民法院应当认定担保合同无效，但是有下列情形之一的除外：
>
> （一）在购入或者以融资租赁方式承租教育设施、医疗卫生设施、养老服务设施和其他公益设施时，出卖人、出租人为担保价款或者租金实现而在该公益设施上保留所有权；
>
> （二）以教育设施、医疗卫生设施、养老服务设施和其他公益设施以外的不动产、动产或者财产权利设立担保物权。

一直以来，只要涉及学校、医院以及政府公共利益设置的抵押都被法律认定为是无效的，认定无效目的是保护公益设施的安全，但是本解释做了突破性的规定，也就是说所有权保留、融资租赁的公益设施不受限制；非公益设施不受限制；民办机构的设施不受限制，该解释的出台将进一步促进小微企业抵押贷事业的发展，因为银行等金融机构获得了部分优质资源。根据已废止的《中华人民共和国物权法》（以下简称《物权法》）一百九十一条的第二款的规定：“抵押期间，抵押人未经抵押权人同意，不得转让抵押财产，但受让人代为清偿债务消灭抵押权的除外。”新出台的《民法典》第四百零六条却规定：“抵押期间，抵押人可以转让抵押财产，转让抵押财产的应当及时通知抵押权人。”这是对《物权法》的颠覆，《民法典》对此条款修改的出发点是鼓励交易，促进房地产市场的发展，但是却不利于保护债权人的合法权益，如果抵押人低价转让抵押财产，债权人认为该转让损害其享有的抵押权的，救济途径是请求抵押人提前清偿债务或将所得价款提存。但这两种方式很可能并不足以清偿全部债务，此种情形下，就差额部分，债权人仅能要求债务人清偿，这对债权人而言显然是不利的。

根据《最高人民法院关于适用〈中华人民共和国民法典〉有关担保制度的解释》的第四十三条第一款规定：当事人约定禁止或者限制转让抵押财产但是未将约定登记，抵押人违反约定转让抵押财产，抵押权人请求确认转让合同无效的，人民法院不予支持；抵押财产已经交付或者登记，抵押权人请求确认转让不发生物权效力的，人民法院不予支持，但是抵押权人有证据证明受让人知道的除外；抵押权人请求抵押人承担违约责任的，人民法院依法予以支持。

《最高人民法院关于适用〈中华人民共和国民法典〉有关担保制度的解释》第四十三条第二款规定：当事人约定禁止或者限制转让抵押财产且已经将约定登记，抵押人违反约定转让抵押财产，抵押权人请求确认转让合同无效的，人民法院不予支持；抵押财产已经交付或者登记，抵押权人主张转让不发生物权效力的，人民法院应予支持，但是因受让人代替债务人清偿债务导致抵押权消灭的除外。

该条款对抵押财产转让进一步做了明确规定，从该条款来看，即便当事人约定禁止或者限制转让抵押财产，且无论是否将此约定进行登记，若抵押人违反约定转让抵押财产，转让合同均是有效的。

但是，转让合同有效仅确认的是债权效力，是否发生物权效力则取决于是否将此约定进行登记。通俗地讲，如果抵押权人在办理抵押登记的时候将禁止或限制转让抵押财产的约定进行登记，抵押人违约转让抵押财产，即使已经交付或者登记，但不能发生物权效力，抵押权人的合法权益不受影响。因此，在日后从事小微企业抵押贷业务时，为保障公司的合法权益，风控人员严格把控相关人员在办理抵押物登记时将“禁止或限制转让抵押财产”的约定也进行登记。这样的话，如果抵押人转让抵押财产，即便抵押财产已经交付或者登记，该抵押财产的转让不发生物权效力，所有权不发生转移，仍归抵押人所有，也可以继续担保公司债权的实现。

《最高人民法院关于适用〈中华人民共和国民法典〉有关担保制度的解释》第十六条规定：

主合同当事人协议以新贷偿还旧贷，债权人请求旧贷的担保人承担担保责任的，人民法院不予支持；债权人请求新贷的担保人承担担保责任的，按照下列情形处理：

（一）新贷与旧贷的担保人相同的，人民法院应予支持；

（二）新贷与旧贷的担保人不同，或者旧贷无担保新贷有担保的，人民法院不予支持，但是债权人有证据证明新贷的担保人提供担保时对以新贷偿还旧贷的事实知道或者应当知道的除外；

主合同当事人协议以新贷偿还旧贷，旧贷的物的担保人在登记尚未注销的情形下同意继续为新贷提供担保，在订立新的贷款合同前又以该担保财产为其他债权人设立担保物权，其他债权人主张其担保物权顺位优先于新贷债权人的，人民法院不予支持。

该条款说明新贷的担保人知晓借新还旧事实或者旧贷的担保人在登记尚未注销的情形下继续为新贷提供担保，该担保行为继续有效。这一制度的规定不仅可以促进小微企业抵押贷业务的持续稳进发展，同时也节省了公证费，以及因无力解压商贷的资金成本、申请法院解除查封等必要费用。

在订立新的贷款合同前又以该担保财产为其他债权人设立担保物权，其他债权人主张其担保物权顺位优先于新贷债权人的，人民法院不予支持。该条款的订立也从司法实务角度切实保护了有先债权人的合法权益，既保护了现有交易，又杜绝了道德风险的发生，在一定程度上也节省了司法资源。

《民法典》第三百六十六条规定：居住权人有权按照合同约定，对他人的住宅享有占有、使用的用益物权，以满足生活居住的需要。第三百六十八条规定：居住权无偿设立，但是当事人另有约定的除外。设立居住权的，应当向登记机构申请居住权登记。居住权自登记时设立。第三百六十九条规定：居住权不得转让、继承。设立居住权的住宅不得出租，但是当事人另有约定的除外。

根据《民法典》的相关规定居住权同建设用地使用权、宅基地使用权、土地承包经营权和地役权一样属于用益物权的一种。既然居住权属于物权的一种就应该根据物权的变动规则之一公示生效主义，即不动产物权变动依登记生效。这是民法典中关于居住权的规定，也是此次民法典施行的一大亮点之一。

居住权无疑是有利于保护弱势群体的，让他们居有定所、老有所养。保障老人孩子、公租房群体、子女继承纠纷、离婚后居无定所人群等的居住权益。居住权的设立是日后在小微企业抵押贷业务中需要重点关注的一点。

首先居住权是用益物权的一种（占有、使用、收益、处分），指对他人所有的住房及其附属设施占有、使用的权利。设立居住权，可以根据遗嘱或者遗赠，也可以按照合同约定。例如，某人在遗嘱中写明，其住宅由他的儿子继承，但应当让服务多年的保姆居住，直到保姆去世。

设立居住权，应当向县级登记机构办理居住权登记，经登记后居住权才成立。物权法上的居住权，不包括因房屋租赁产生的居住权，不包括住旅馆等，房屋租赁或者住旅馆不需要向房地产登记机构申请登记。针对回迁安置房：安置人口对回迁安置房屋享有居住使用的权利，要解决的不是一个人居住的问题，而是所有被安置对象的共同居住问题及时最后房本上是一人，但其性质决定其他人员享有居住权。

如果后续因居住权产生纠纷，房屋产权人提起腾房诉讼的话，享有居住权的一方可以向法院另案提起“用益物权的诉讼”，中止前诉，人民法院会优先保护享有居住权人的利益。

由此可见，在日后的小微企业抵押贷业务中，审查抵押房屋是否设立居住权是维护自身合法权益最关键的一点，日后的工作中我们在办理不动产抵押准入之前应先行审查确认是否设立有居住权，如存在居住权的，禁止准入，否则会面临一种房是你的但是你不能居住的现象，如漏查这一信息很有可能会产生具有所有权但不具有使用权的尴尬局面。《民法典》第四百零五条规定：抵押权设立前，抵押财产已经出租并转移占有的，原租赁关系不受该抵押权的影响。

相比之前的《物权法》，《民法典》增加了“并转移占有”的条件，虽在一定程度上有利于保障银行的抵押权，但若在抵押前相关抵押物已被出租，且被承租方转移占有的情况下，可能导致相关抵押物难以处置。这也提示我们贷前必须落实抵押物现场调查制度，在实地查看抵押物时，要注意抵押物是否出租、是否被他人实际占有，包括但不限于拍照留存（时间水印）、录制视频、取得未租赁承诺协议等。

若为已经出租的，必须签订三方协议并要求提供租赁协议留档。贷后调查中，必须加强抵押物巡查，注意抵押物状态、结构、用途等是否发生实质性变化，如有此情况，应提前收回贷款或处置抵押物。

《民法典》第一千零六十四条规定：

> 夫妻双方共同签名或者夫妻一方事后追认等共同意思表示所负的债务，以及夫妻一方在婚姻关系存续期间以个人名义为家庭日常生活需要所负的债务，属于夫妻共同债务。
>
> 夫妻一方在婚姻关系存续期间以个人名义超出家庭日常生活需要所负的债务，不属于夫妻共同债务；但是，债权人能够证明该债务用于夫妻共同生活、共同生产经营或者基于夫妻双方共同意思表示的除外。

夫妻共签债务也是此次民法典新增的亮点，在日常生活中夫妻一方在婚姻存续期间以个人名义超出家庭日常生活需要所负的债务，不属于夫妻共同债务。如果发生诉讼，极可能存在损害债权、举证困难的风险。所以在面对已婚客户借款时，最好严格落实“双签”制度，将借款人配偶追加为共同借款人、共同还款人或担保人，可以规避无法向借款人配偶追偿风险。

附录二　监管机构风控管理办法摘要及评述

财政部关于对中小微企业贷款实施临时性延期还本付息的通知①

概述：为支持受疫情冲击企业有序复工复产，银保监会会同相关部门发布通知指出：对于2020年1月25日以来到期的困难中小微企业的贷款本金，还本日期最长可延至2020年6月30日；对于2020年1月25日至6月30日中小微企业需支付的贷款利息，贷款付息日期最长可延至2020年6月30日，免收罚息。

工业和信息化部关于进一步对中小微企业贷款实施阶段性延期还本付息的通知②

概述：为强化稳企业保就业支持政策，缓解企业尤其是中小微企业年内还本付息资金压力，中国人民银行会同银监会等相关部门发布通知指出：对于2020年6月1日至12月31日期间到期的普惠小微贷款本金，还本日期最长可延至2021年3月

---

① 中国银行保险监督管理委员会网站 http://www.cbirc.gov.cn/cn/view/pages/index/index.html。

② 中国人民银行官网 http://www.pbc.gov.cn。

31日；对于2020年6月1日至12月31日普惠小微贷款应付利息，贷款付息日期最长可延至2021年3月31日，免收罚息。

中国人民银行办公厅关于防止经营用途贷款违规流入房地产领域的通知①

概述：为防止经营用途贷款违规流入房地产领域，更好地支持实体经济发展，中国银保监会办公厅会同其他相关部门发布通知指出：银行业金融机构要强化合规意识及审慎经营理念，切实加强经营用途贷款的审查、经营用途贷款期限管理、贷后资金流向监测和预警等，切实发挥经营用途贷款支持实体经济的积极作用。

为提高银行业金融机构全面风险管理水平，促进银行业体系安全稳健运行，2016年9月27日中国银监会针对各银监局，各政策性银行、大型银行、股份制银行，邮储银行，外资银行，金融资产管理公司，其他会管金融机构发布了《银行业金融机构全面风险管理指引》（以下简称《指引》）。该《指引》的主旨为银行业金融机构应当建立全面风险管理体系，采取定性和定量相结合的方法，识别、计量、评估、监测、报告、控制或缓释所承担信用风险、市场风险、流动性风险、操作风险、国别风险、银行账户利率风险、声誉风险、战略风险、信息科技风险以及其他风险，要全面考虑风险之间的关联性，审慎评估各类风险之间的相互影响，防范跨境、跨业风险。

在全面风险管理中应当遵循全面风险管理体系与风险状况和系

① 中国银行保险监督管理委员会网站 http://www.cbirc.gov.cn/cn/view/pages/index/index.html。

统重要性等相适应，并根据环境变化进行调整的匹配性原则；在日常作业过程中，银行业金融机构应当推行稳健的风险文化，形成与本机构相适应的风险管理理念、价值准则、职业操守，建立培训、传达和监督机制，推动全体工作人员理解和执行。承担全面风险管理的主体责任，建立全面风险管理制度，保障制度执行，对全面风险管理体系进行自我评估，健全自我约束机制并定期向公众披露全面风险管理情况。

银行董事会作为最终的责任承担主体要积极牵头建立风险文化制定风险管理策略、设定风险偏好和确保风险限额的设立、审批重大风险管理政策和程序；监督高级管理层开展全面风险管理、审议全面风险管理报告、审批全面风险和各类重要风险的信息披露以及确有必要时聘任风险总监（首席风险官）或其他高级管理人员，牵头负责全面风险管理。

银行业金融机构高级管理层要建立适应全面风险管理的经营管理架构，明确全面风险管理职能部门、业务部门以及其他部门在风险管理中的职责分工，建立部门之间相互协调、有效制衡的运行机制、制定清晰的执行和问责机制，确保风险管理策略、风险偏好和风险限额得到充分传达和有效实施、根据董事会设定的风险偏好，制定风险限额，包括但不限于行业、区域、客户、产品等维度、制定风险管理政策和程序，定期评估，必要时予以调整、评估全面风险和各类重要风险管理状况并向董事会报告，建立完备的管理信息系统和数据质量控制机制，对突破风险偏好、风险限额以及违反风险管理政策和程序的情况进行监督，根据董事会的授权进行处理。

除此之外，银行业金融机构应当确定业务条线承担风险管理的直接责任并设立或者指定部门负责全面风险管理，牵头履行全面风险的日常管理，在日常作业管理过程中实施全面风险管理体系建设；牵头协调识别、计量、评估、监测、控制或缓释全面风险和各类重要风险，及时向高级管理人员报告；持续监控风险管理策略、风险偏好、风险限额及风险管理政策和程序的执行情况，对突破风险偏好、风险限额以及违反风险管理政策和程序的情况及时预警、报告并提出处理建议；组织开展风险评估，及时发现风险隐患和管理漏洞，持续提高风险管理的有效性。

为保证上述人员或相关部门风险管理的执行力，银行业金融机构应当赋予全面风险管理职能部门和各类风险管理部门充足的资源、独立性、授权，保证其能够及时获得风险管理所需的数据和信息，满足履行风险管理职责的需要。关于风险评估，银行业金融机构应当制定清晰的风险管理策略，至少每年评估一次其有效性。

风险管理策略应当反映风险偏好、风险状况以及市场和宏观经济变化，并在银行内部得到充分传导，制定书面的风险偏好，做到定性指标和定量指标并重。风险偏好的设定应当与战略目标、经营计划、资本规划、绩效考评和薪酬机制衔接，在机构内传达并执行并且保证每年对风险偏好至少进行一次评估，风险偏好要关注战略目标和经营计划的制定依据，风险偏好与战略目标、经营计划的关联性，为实现战略目标和经营计划愿意承担的风险总量，愿意承担的各类风险的最大水平，风险偏好的定量指标，包括利润、风险、资本、流动性以及其他相关指标的目标值或目标区间。

上述定量指标通过风险限额、经营计划、绩效考评等方式传导至业务条线、分支机构、附属机构的安排，对不能定量的风险偏好的定性描述，包括承担此类风险的原因、采取的管理措施，资本、流动性抵御总体风险和各类风险的水平，可能导致偏离风险偏好目标的情形和处置方法。银行业金融机构应当在书面的风险偏好中明确董事会、高级管理层和首席风险官、业务条线、风险部门在制定和实施风险偏好过程中的职责。针对超额风险，银行业金融机构应当制定风险限额管理的政策和程序，建立风险限额设定、限额调整、超限额报告和处理制度。并根据风险偏好，按照客户、行业、区域、产品等维度设定风险限额，风险限额应当综合考虑资本、风险集中度、流动性、交易目的等。

全面风险管理职能部门应当对风险限额进行监控，并向董事会或高级管理层报送风险限额使用情况。风险限额临近监管指标限额时，银行业金融机构应当启动相应的纠正措施和报告程序，采取必要的风险分散措施，并向银行业监督管理机构报告。

银行业金融机构应当建立风险统一集中管理的制度，确保全面风险管理对各类风险管理的统领性、各类风险管理与全面风险管理政策和程序的一致性，建立风险加总的政策、程序，选取合理可行的加总方法，充分考虑集中度风险及风险之间的相互影响和相互传染，确保在不同层次上和总体上及时识别风险。遵守相关监管要求，确保风险计量的一致性、客观性和准确性。董事会和高级管理层应当理解模型结果的局限性、不确定性和模型使用的固有风险。对能够量化的风险，应当通过风险计量技术，加强对相关风险的计量、控制、缓释；对难以量化的风险，应当建立风险识别、评估、控制和报告机制，确保相关风险得到有效管理。

在抵御风险方面，银行业金融机构应当建立专门的政策和流程，评估开发新产品、对现有产品进行重大改动、拓展新的业务领域、设立新机构、从事重大收购和投资等可能带来的风险，并建立内部审批流程和退出安排、根据风险偏好和风险状况及时评估资本和流动性的充足情况，确保资本、流动性能够抵御风险；制定应急计划，确保能够及时应对和处理紧急或危机情况。应急计划应当说明可能出现的风险以及在压力情况（包括会严重威胁银行生存能力的压力情景）下应当采取的措施。银行业金融机构的应急计划应当涵盖对境外分支机构和附属机构的应急安排。

银行业金融机构应当定期更新、演练或测试上述计划，确保其充分性和可行性。按照相关监管要求，根据风险状况和系统重要性，制定并定期更新完善本机构的恢复计划，明确本机构在压力情况下能够继续提供持续稳定运营的各项关键性金融服务并恢复正常运营的行动方案；制定覆盖其附属机构的风险管理政策和程序，保持风险管理的一致性、有效性。

银行业金融机构应当要求并确保各附属机构在整体风险偏好和风险管理政策框架下，建立自身的风险管理组织架构、政策流程，促进全面风险管理的一致性和有效性。建立健全风险隔离制度，规范内部交易，防止风险传染；制定外包风险管理制度，确定与其风险管理水平相适应的外包活动范围；将风险管理策略、风险偏好、风险限额、风险管理政策和程序等要素与资本管理、业务管理相结合，在战略和经营计划制定、新产品审批、内部定价、绩效考评和薪酬激励等日常经营管理中充分应用、有效实施，并当对风险管理策略、风险偏好、风险限额、风险管理政策和程序建立规范的文档记录。

内部审计方面，银行业金融机构应当合理确定各项业务活动和管理活动的风险控制点，采取适当的控制措施，执行标准统一的业务流程和管理流程，确保规范运作，将全面风险管理纳入内部审计范畴，定期审查和评价全面风险管理的充分性和有效性，当然审计活动应独立于业务经营、风险管理和合规管理，遵循独立性、客观性原则，不断提升内部审计人员的专业能力和职业操守。

全面风险管理的内部审计报告应当直接提交董事会和监事会。董事会应当针对内部审计发现的问题，督促高级管理层及时采取整改措施。内部审计部门应当跟踪检查整改措施的实施情况，并及时向董事会提交有关报告；监督管理方面，银行业金融机构应当将风险管理策略、风险偏好、重大风险管理政策和程序等报送银行业监督管理机构，并至少按年度报送全面风险管理报告。

将银行业金融机构全面风险管理纳入法人监管体系中，并根据本指引全面评估银行业金融机构风险管理体系的健全性和有效性，提出监管意见，督促银行业金融机构持续加以完善，通过非现场监管和现场检查等实施对银行业金融机构全面风险管理的持续监管，具体方式包括但不限于监管评级、风险提示、现场检查、监管通报、监管会谈、与内外部审计师会谈等。就全面风险管理情况与银行业金融机构董事会、监事会、高级管理层等进行充分沟通，并视情况在银行业金融机构董事会、监事会会议上通报。这一通知的发布，为各金融机构风险管控提供了无可替代的支撑。

为提升银行服务实体经济的质效，2017 年 4 月 7 日，中国银监会发布了《关于提升银行业服务实体经济质效的指导意见》（以下简称《意见》），进一步指导各银监局，机关各部门，各政策性银行、大型银行、股份制银行，邮储银行，外资银行，金融资产管理公司，其他会管金融机构、各协会做好服务实体经济相关工作。《意见》指出：

1. 围绕“三去一降一补”，提升银行业服务实体经济水平

各机构要深入实施差异化信贷政策和债权人委员会制度。进一

步完善债权银行信息共享、客户评价、联合授信等机制，确保一致行动，加强与企业、地方政府之间的沟通协作。多种渠道盘活信贷资源，加快处置不良资产，积极推动和配合有关部门研究完善银行不良贷款处置制度和相关税收政策；因地因城施策，促进房地产市场长期稳健发展；支持银行充分利用现有符合条件的实施机构或申请设立符合规定的新机构开展市场化债转股；进一步提升服务质量，加强服务收费管理。对于个性化服务、定制化服务等，按照市场规则规范管理，有效降低企业成本；深入推进消费金融和支持社会领域企业发展，促进激发社会领域投资活力，加快发展绿色金融助力生态环境保护和建设。

2. 推进体制机制改革创新，提高银行业服务实体经济内生动力

继续完善和加强公司治理，围绕服务实体经济本源，切实改进激励约束机制，纠正过于追求短期股东回报和收益、忽视客户服务和长期稳健发展的绩效考评体系；积极稳妥创新服务模式和技术流程，依法合规开展理财、信托等多元化业务，应引导资金直接投向基础设施、农业、制造业和服务业等实体经济领域；进一步发挥开发性政策性金融作用，鼓励国家开发银行、政策性银行探索与地方法人银行合作开展小微企业金融服务。

3. 强化重点领域监管约束，督促银行业回归服务实体经济本源

确保业务规范性和透明度，分发挥银行业理财登记托管中心、银行业信贷资产登记流转中心、中国信托登记公司等机构的作用，确保相关业务规范透明、风险可控；加强创新业务制度建设和风险管理。银行业金融机构要持续提升对实体经济客户需求的研判能力，有针对性地开展业务创新；杜绝违法违规行为和市场乱象。要切实自查自纠参与方过多、结构复杂、链条过长、导致资金脱实向虚的

交易业务，确保金融资源流向实体经济。

4. 推动优化外部环境，完善银行业服务实体经济的基础设施

加强信用信息归集共享与守信联合激励；完善多方合作的增信和风险分担机制。各级监管机构、银行业金融机构要进一步推广政银保、政银担等多方合作模式，推动有关部门建立健全补偿、代偿、贴保、贴息等相结合的多层次风险分担机制。推动设立国家融资担保基金和地方政府风险补偿基金，完善财政支持的农业信贷担保体系；加大逃废债打击力度。各级监管机构、银行业自律组织、银行业金融机构要继续加强与地方政府、司法机关的信息共享和工作联动，积极推动落实跨部门失信联合惩戒机制，开辟金融案件快立、快审、快判、快执通道，扩大简易程序适用范围，深入开展依法保护银行债权、打击逃废银行债务活动。

5. 加强组织领导和评估交流，确保政策落地实施

加强组织领导，确保各项服务实体经济工作有效开展；强化考核评估，各级监管机构要将所监管的银行业金融机构服务实体经济工作情况纳入监管评价；促进沟通交流。银行业金融机构要围绕提升服务实体经济质效，加大宣传力度，在服务和产品创新、授信管理、风险防控、机制改革等方面加强沟通。各级监管机构和银行业自律组织要及时解读相关政策要求，积极搭建行业交流平台，建立信息联动发布机制，为银行业服务实体经济营造良好舆论氛围。

2020 年 3 月 1 日，《银保监会 人民银行 发展改革委 工业和信息化部 财政部关于对中小微企业贷款实施临时性延期还本付息的通知》指出，对于 2020 年 1 月 25 日以来到期的困难中小微企业（含小微企业主、个体工商户）贷款本金，银行业金融机构应根据企业延期还本申请，结合企业受疫情影响情况和经营状况，通过贷款展

期、续贷等方式，给予企业一定期限的临时性延期还本安排。还本日期最长可延至2020年6月30日。

对于少数受疫情影响严重、恢复周期较长且发展前景良好的中小微企业，银行业金融机构可根据实际情况与企业协商确定另外的延期安排。上述贷款涉及担保的，银行业金融机构应与企业、担保人等协商处理；对于2020年1月25日至6月30日中小微企业需支付的贷款利息，银行业金融机构应根据企业延期付息申请，结合其受疫情影响的实际情况，给予企业一定期限的延期付息安排。贷款付息日期最长可延至2020年6月30日，免收罚息。延期利息的具体偿还计划，由银行业金融机构与企业双方自主协商、合理确定；受疫情影响湖北地区各类企业适用上述政策。

银行业金融机构应为湖北地区配备专项信贷规模，实施内部资金转移定价优惠，力争2020年普惠型小微企业综合融资成本较上年平均水平降低1个百分点以上。关于企业新增融资安排，银行业金融机构应积极对接中小微企业融资需求，建立绿色通道，简化贷款审批流程，适度下放审批权限，应贷尽贷快贷。要改进绩效考评、尽职免责等内部资源配置和政策安排，努力提高小微企业信用贷款、中长期贷款占比和“首贷率”。

地方法人银行应主动申请人民银行的新增再贷款、再贴现额度，积极配合政策性银行的新增信贷计划，以优惠利率向民营、中小微企业发放贷款。为保证落实上述政策，首先银行业金融机构应积极对接企业贷款延期还本付息需求，开通线下和线上（网上银行、手机银行、电话银行）等多种渠道，为企业延期还本付息申请提供便利。要及时受理企业申请，限时回复办理。其次银行业金融机构应合理评估企业状况，调整完善企业还本付息安排，重点支持前期经营正常、受疫情影响遇到暂时困难、发展前景良好的中小微企业。对于受疫情影响特别严重、遇到特殊困难的行业，例如交通运输、批发零售、文化娱乐、住宿餐饮等，银行业金融机构应根据实际情况，给予适当倾斜。最后银行业金融机构应对临时性延期还本付息贷款进行专门统计、密切监测，对于贷款期间企业经营出现实质性变化的，及时予以相应处置。同时，应完善反欺诈模型运用，推进信息共享联防。一旦发现弄虚作假等违法违规行为，应立即停止融资支持，并通过上报征信、诉讼等惩戒措施，有效防控道德风险。

为全面科学评价商业银行小微企业金融服务工作开展情况和成效，督促和激励商业银行深入贯彻落实党和国家关于金融支持小微企业发展的战略部署，持续提升服务小微企业的质效，2020 年 6 月 29 日，《中国银保监会关于印发商业银行小微企业金融服务监管评价办法（试行）的通知》指出，做好小微企业金融服务是商业银行服务实体经济、实现高质量发展的重要内涵。对商业银行小微企业金融服务工作开展监管评价（以下简称小微金融监管评价），应当坚持以下原则：

第一，定量与定性并行。为兼顾小微金融监管评价的客观性、全面性和灵活性，监管评价要素中包括定量和定性两大类指标。定量指标的总分值高于定性指标。

第二，总量与结构并重。通过小微金融监管评价，持续推动小微企业金融服务供给总量稳定增长的同时，引导不同类型的商业银行深入开展差异化竞争，细分小微企业市场和融资需求，优化小微企业金融服务对象、内容的结构，扩大服务覆盖面。

第三，激励与约束并举。小微金融监管评价结果应当作为衡量该年度商业银行小微企业金融服务情况的主要依据，与差异化监管政策制定与执行、现场检查以及小微企业金融服务相关的评先创优、政策试点和奖励等工作有效联动。保监局按规定对大型银行、股份制银行分支机构开展小微金融监管评价的，应将评价结果抄报银保监会普惠金融部及相应的机构监管部门。

对地方法人银行的异地分支机构开展小微金融监管评价的，应当将评价结果抄报该法人银行属地银保监局。各级监管部门应当加强对商业银行分支机构小微企业金融服务情况的信息共享。地方法人银行异地分支机构所在地银保监局应积极配合法人银行属地银保监局，向其通报分支机构在辖内服务小微企业的情况，提供必要信息。针对评价结果，不同的评价结果对应不同的应对措施，评价结果为三级的商业银行，监管部门应要求其提出针对性的改进措施，并加强监管督导。

评价结果为四级的商业银行，监管部门应专题约谈其主要负责人，责令限时制定专项整改方案，并跟踪督促评估其后续落实情况。评价结果为四级，或小微企业信贷投放、监管政策落实、监管督导检查等评价要素中扣分较多的商业银行，在相关现场检查立项中应作为重点检查对象。

此外，银保监会指出各银保监局可根据相关监管法规，结合辖内实践，积极探索创新小微金融监管评价与普惠金融工作机制及其他监管措施的联动，进一步丰富监管工具箱，完善监管激励和约束手段，强化监管评价结果对辖内商业银行提升小微企业金融服务水平的导向作用。

为深入贯彻落实党的十九届五中全会精神，为“十四五”时期经济社会发展开好局、起好步，按照中央经济工作会议关于继续做好“六稳”“六保”工作、强化普惠金融服务、增加小微企业和个体工商户活力的决策部署。

2021 年 4 月 9 日，《中国银保监会关于 2021 年进一步推动小微企业金融服务高质量发展的通知》（以下简称《通知》）发布了。该《通知》的总体目标是牢牢把握高质量发展主题，进一步提升小微企业金融服务整体效能。以新发展理念为引领，深化供给侧结构性改革，在小微企业金融供给总量继续有效增长的基础上，努力实现供给质量、效率、效益的明显提升。坚持创新驱动发展，做活存量金融资源配置，扩大优质增量供给，优化小微企业金融服务的地区、产业、行业分布结构，丰富供给手段，更有力地支持小微企业在科技创新和产业结构升级中发挥作用，实现小微企业金融服务高质量发展与银行业保险业自身高质量发展的相互促进、有机统一。

第一，以信贷投放为抓手，确保稳定高效的增量金融供给，围绕“两增”目标，确保对小微企业的信贷支持力度。继续发挥好小微企业间接融资的主渠道作用，实现信贷供给总量稳步增长。突出各类机构差异化定位，形成有序竞争、各有侧重的信贷供给格局。大型银行、股份制银行要发挥行业带头作用，主动“啃硬骨头”，下沉服务重心，覆盖小微企业融资供给“空白地带”，努力实现 2021 年新增小型微型企业“首贷户”数量高于 2020 年。

大型银行要将小型微型企业“首贷户”占比纳入内部绩效指标。完善定价机制，将小微企业融资利率保持在合理水平。商业银行要疏通内部利率传导机制，根据贷款市场报价利率（LPR）走势，合理确定小微企业贷款利率，确保 2021 年新发放普惠型小微企业贷款利率在 2020 年基础上继续保持平稳态势。开发银行、政策性银行要对合作银行明确约定，以转贷款资金发放的小微企业贷款平均利率，不得高于当地同类机构同类贷款平均水平，引导合作银行加大对小微企业贷款利率的优惠力度，加强小微企业贷款用途监控，确保资金投向真实合规。银行业金融机构要做实贷款“三查”，强化内控合规管理，严禁虚构小微企业贷款用途“套利”，防止信贷资金变相流入资本市场和政府融资平台、房地产等调控领域。

第二，以支持创新为出发点，全面优化金融供给结构，首先着眼小微企业融资“痛点”“弱点”，补齐信贷业务短板。银行业金融机构要进一步创新完善针对小型微型企业法人的信用评价模型、风险管控技术和批量授信审批机制，扩大信贷服务覆盖面，并着力优化开立对公账户、支付结算等基础金融服务。要结合小微企业所在行业资金需求特点，合理设置贷款期限，推广“随借随还”模式。要继续加大小微企业首贷、续贷、信用贷款投放力度，重点增加对先进制造业、战略性新兴产业和产业链供应链自主可控的中长期信贷支持；其次丰富普惠保险产品业务，更好地为小微企业提供融资增信和保障服务。鼓励深化银保合作机制，在风险可控的前提下，探索创新面向小微企业的保单融资产品。再次主动倾斜业务布局，以金融资源带动小微企业发展银行保险机构要主动对接行业、产业主管部门，依托高新技术开发区、产业基地、科技园区等的有利条件，发挥自身的资金、技术、资源、信息、平台优势，深化产融合作，积极参与培育、引导、支持创业创新和扩大市场，助力小微企业发展，发掘和创造有效融资需求。再次探索完善科技型小微企业金融服务，促进新技术产业化规模化应用，对掌握产业“专精特新”技术、特别是在“卡脖子”关键技术攻关中发挥作用的小微企业，要量身定做金融服务方案，及时给予资金支持；最后加强产业链供应链金融创新，助力与资金链有效对接。鼓励银行业金融机构围绕产业链供应链核心企业，“一企一策”制定覆盖上下游小微企业的综合金融服务方案。

第三，做优机制体制和专业能力，实现“敢贷愿贷、能贷会贷”，首先对照监管评价要求，完善“敢贷愿贷”内部机制。要不折不扣落实“普惠金融类指标在内部绩效考核指标中权重占比10%以上”的政策要求。大型银行、股份制银行要将“内部转移定价（FTP）优惠力度不低于50个基点”的要求执行到位；其次进一步细化落实不良容忍度和授信尽职免责规定，切实保护基层积极性。银行业金融机构要认真执行“普惠型小微企业贷款不良率不高于各项贷款不良率3个百分点以内”的容忍度标准，在内部考核中明确区分不良贷款容忍度与贷款质量管理目标，准确向基层传达政策导向。再次综合运用金融科技手段和信用信息资源，增强“能贷会贷”服务能力。银行业金融机构要综合运用互联网大数据等金融科技手段，积极参与“银税互动”“银商合作”“信易贷”等信用信息共享机制，将公共涉企数据与机构内部金融数据有机结合，改进业务审批技术和风险管理模型，为小微企业准确“画像”，实现金融资源向长尾客户的精准“滴灌”。要主动向信用信息主管部门反映数据需求，推动提高数据标准化水平，优化共享方式。要高度重视信息传输、存储和使用中的数据安全管理，压实保密责任，与第三方机构合作处理涉企信息的，要在合作机制中明确制定、严格落实数据安全管理制度，防范信息泄露和盗用。要总结新冠肺炎疫情期间拓展线上服务渠道、开展“无接触”金融服务的经验做法，进一步优化流程，提高服务效率。最后充分传导政策红利，用好用足配套支持机制。银行保险机构要充分把握小微企业金融服务的相关货币、税收减免、地方财政风险补偿和增量奖励等政策利好，积极争取支持。通过相关激励优惠政策获得的红利，要在内部考核机制中向小微企业业务条线、基层分支机构和一线从业人员传导，激发展业积极性。

第四，多措并举盘活存量信贷资源，提高金融供给效率，首先做好贷款期限管理，确保惠企纾困政策平稳衔接。银行业金融机构要继续落实好贷款阶段性延期还本付息政策。对符合条件的普惠型小微企业贷款，要向企业宣讲告知政策，双方自主协商确定本息延期安排。对货车司机、出租车司机、网店店主等个体经营者，可比照个体工商户和小微企业主，在同等条件下为其经营性贷款办理延期还本付息。其次鼓励开展信贷资产流转，盘活存量小微企业信贷资源。鼓励银行业金融机构在依法合规、风险可控的前提下，通过信贷资产证券化、信贷资产直接转让等业务，盘活信贷存量，用于持续投放小微企业贷款。最后进一步拓宽不良贷款处置渠道，鼓励主动化解风险。鼓励银行业金融机构通过依法合规的核销、转让等方式，加大对小微企业不良贷款的处置力度。

第五，强化监管引领督导，推动营造更好外部环境，首先推动深化信用信息共享机制，加快建设综合金融服务平台。各级监管部门要积极参与推进信用信息共享机制建设工作。各银保监局要加强向地方党委政府的汇报建言，努力推动将建设地方综合金融服务平台纳入当地“十四五”规划，扩大基础公共信息数据有序开放。其次用好监管评价“指挥棒”，实施分类考核督导。继续实施以法人银行业金融机构为主要对象、银保监会和银保监局上下联动的监管督导考核方式。最后加强调研监测，做好经验总结。各银保监局要指导当地银行业协会，组织辖内银行业金融机构用好“百行进万企”平台数据，巩固融资对接工作成果，对参与对接的小微企业、特别是前期反映无融资需求的小微企业加强回访，及时响应新的融资需求。要在做好常规监管统计的基础上，对阶段性延期还本付息、信用贷款支持计划等政策执行情况加强专项监测。对辖内小微企业信贷投放结构、趋势加强调研分析，重点关注贷款规模、客户数量短期内增长异常的银行业金融机构，研判是否存在为“冲规模”“冲时点”而在营销获客、授信审批、贷后管理等核心环节过度依赖第三方机构的隐患，及时纠偏。要加强对银行保险机构做好“六稳”“六保”工作举措和成效的总结，主动向地方党委政府和相关部门汇报沟通，争取监管、财政、产业、就业、区域等政策与银行保险机构的实践同向发力，推动形成更好支持小微企业融资的长效机制。